做衣服

破坏时尚 增补新版

[日] 山本耀司 著
吴迪 译
[日] 宫智泉 整理

湖南人民出版社

浦睿文化 出品

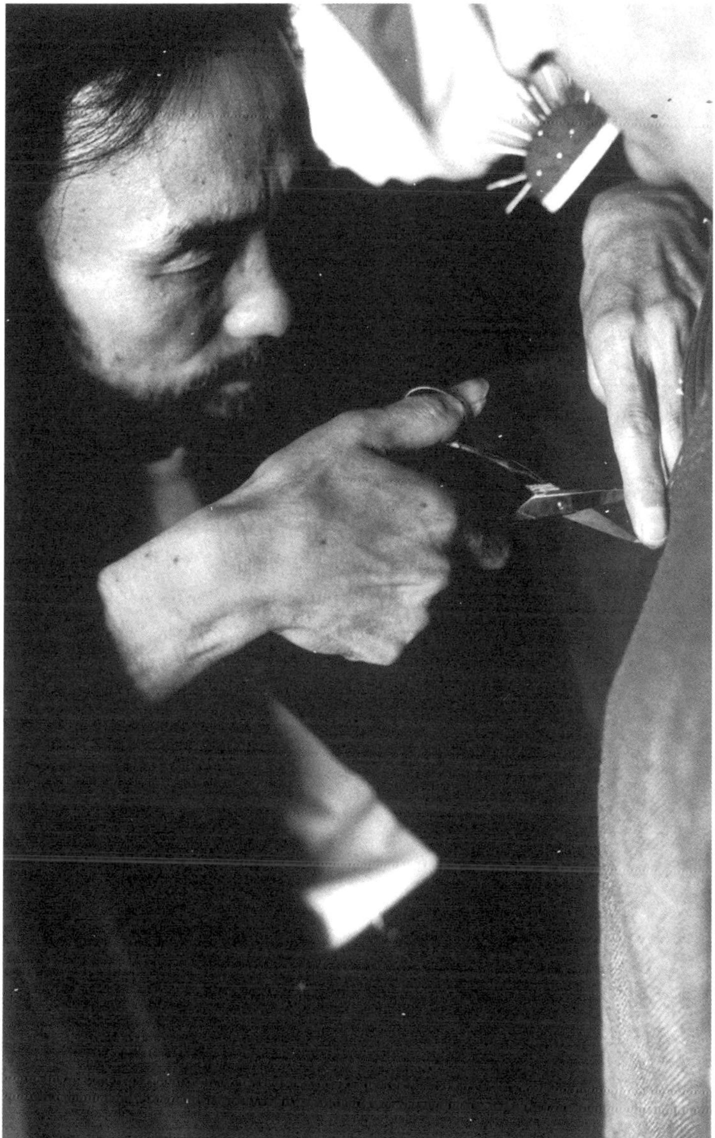

目　录

第一部分

背影

坚守巴黎时装周

用于展推新作的巴黎时装设计作品发布会，于我有着特别的意义。自 1981 年在巴黎时装周初次亮相，几经浮沉，我坚守在巴黎时装界已经三十多年了。

——

有业界翘楚之称的巴黎国际成衣展（高级成衣），从 20 世纪 70 年代开始有组织地举办。设计师们把半年后即将推出的新款时装在此展出。这是场业界盛会，欲争世界顶尖位置的设计师们济济一堂，展开创意的角逐，堪称时装界的世界杯。新流行和新款式从这里诞生，从而也吸引了大批追求最新潮时装的买手和记者。

——

从第一次参加巴黎时装周以来，我做了很多违反西方传统着装规则的叛逆行为。比如在衣服上挖洞，剪掉下摆，等等。连模特的走台也异于以往，直来直去不摆任何造型，招致台下摄影师们嘘声一片。

我这个来自日本的无名小卒所带来的新玩意，令欧美人困惑不解，甚至感到恐惧。就这样，我在法国时装界毁誉参半地坚持了两三年，每次启程去巴黎，都像是专门为了吵架而去的。

后来，我逐渐被接纳，并被冠以“大师”的头衔，不知何时起还成了业界权威。可是我不想甘于现状。我厌倦了人们对我的固有评价，想摆脱自己现在的头衔，渴望在一种积极的意义上背叛众人的期待，做些出人意料的改变。如若不然，对我来说任何努力都会失去意义，更何谈进步。

在当今的国际时装界，快时尚（Fast Fashion）产业拥有庞大的资本，更以其亲民的价格和潮流感而日渐势强。当然，服装作为一种商品，销量确实很重要，但与此同时，我们也迎来了一个缺乏个性、失去对比的时代。

互联网的普及，使得资讯的收集变得越来越方便快捷。但是突破自我、不断创新的精神却渐渐消失了。由于一切知识都变得唾手可得，反而失却了很多殚精竭虑、独立思考的机会。

在20世纪90年代，当一批出身于比利时安特卫普皇家艺术学院的设计师们涌入巴黎时装周的时候，我曾有种感觉：新时代到来了。2010 年 2 月自杀身亡的英国设计师亚历山大 · 麦昆（Alexander McQueen）刚出道时也给了我同样的感觉。这批设计师的出现，使我既感到竞争的刺激，同时又觉得“我是独一无二的”。可是现在的巴黎时装周，已经全然失去了目标，变得无趣和乏味。

借用作家坂口安吾的一句话“不表达自我，毋宁死去”，身为创作者，如果没有这种不断自诘内心的精神，就不会有真正出色的表达。这样说或许显得太过冲动，但是我认为，人云亦云的流行趋势并无意义，我们必须拥有的是亲自展现时装神韵的能力。

我在时装上的坚持，也许类似于那些与好莱坞大片相抗衡的独立电影导演。他们或许不是票房灵药，但是这些导演的作品中有一个切入点，会让我们对人生和生存的意义产生思考，并为之感动。我认为在时装界，也需要有这样的设计师，担负起这样的责任。

既然选择在巴黎展示时装，就要对买家有一种“绝不会让你们空手而归”的坚定决心。

我的父亲

我出生于1943年（昭和十八年）10月。父亲山本文雄在东京新宿经营一间熟食公司，向百货商店批发熟食和成品菜肴。

从照片上看，父亲身材修长，服饰考究，潇洒帅气。母亲富美常对我说：“把你生得像我，真是抱歉呢！”

父亲似乎既喜欢留影也喜欢摄影。我幼时的照片，都是他亲手拍摄和冲洗出来的，张张佳作。

之后父亲应征入伍，于1944年8月奔赴战场。他究竟去了哪里参战，家人也未被告知。只听母亲说过：“发下来的是夏季军服，我想应该是去了南方吧。”

——

停战的前一年，战况持续恶化。1944年10月，麦克阿瑟将军率美军在菲律宾莱特岛登陆，使这里成为太平洋战争中的大型战场之一。日军在莱特湾海战中痛失“武藏”号战舰，联合舰队已经名存实亡了。

父亲战死沙场，尸骨无存。家里只收到一封战死公报，上面写着：战死于菲律宾碧瑶东方山地战役。

母亲依然心存幻想，盼望父亲生还。一直等到从菲律宾驶来的最后一艘打捞船，船上依然不见父亲的踪影，母亲才终于放弃了等待，为父亲举办了葬礼。我在葬礼上的照片，到现在还留着。一个孩子的脸上，带着与年龄极不相符的落寞。

大概是初中时候吧，母亲曾对我说，“你跟你父亲真像啊”，我问她哪里像，母亲说，“都是早上不愿起床的人啊”。或许的确如此，但我心中的父亲形象仅凭这些母亲话语中的记忆碎片来拼凑，很难完整。父亲于我，只是留在照片上的影像。我习惯了没有父亲的生活，他像个陌生人一样，似乎从未真实地存在过，所以也无从失去。

高中时读到的一篇从军日记，渐渐唤醒了我对父亲的意识。日记中提到，在战争末期由于运输船短缺，便对渔船进行改造，为船体简单地涂上深绿色的油漆，让它们看起来像运输船。

那么，父亲坐的船是不是在抵达战地之前就被击沉了呢？这种想法日益膨胀，使我对当时日本政府和军部的粗暴无能感到无比愤怒。一种冤屈感铭刻在我的内心，父亲死得太冤了。“你们干点靠谱的事儿吧！”对政府和军部的不满，在此时开始萌芽。

高中时候，曾经恳求母亲：“拜托不要去参加那个遗属会吧！”母亲说：“为什么？难道我不是遗属吗？”可对于我来说，母亲如果参加了遗属会，就等于认同和接受了那场战争。

另外，如果父亲活着，我想我也许不会成为一名服装设计师。

我的母亲

父亲山本文雄去世之后，母亲富美在停战后不久，将年幼的我暂托给茨城县大洗町的娘家照看，只身一人来到东京，在位于东京新宿的服饰专科学校——文化服装学院学习了两年。她想掌握裁剪缝纫技术，为了将来可以自食其力地生活。

战后，由于美国文化的渗入，西式服装迅速普及，对教授裁剪缝纫技术的需求也随之扩大。成立于 1923 年（大正十二年）的日本第一所服饰教育专科学校——文化服装学院，在 1946 年（昭和二十一年）的学生人数大约有三千人，到了次年的 1947 年，就已经增加了一倍，达到约六千人，校舍人满为患。在学习裁缝的女性当中，有相当一部分是在战争中失去了丈夫的人。裁缝成为了女性独自谋生的一种手段。

母亲毕业后，最初做裁缝副手，其后，在位于东京新宿歌舞伎町的新宿 KOMA 剧场附近，开了一间裁缝铺——“富美洋装店”。

站在“富美洋装店”前的母亲富美

母亲拼命地工作——也许用“疯狂”一词形容更贴切一些。所以，在我的记忆当中，几乎找不到自己被娇宠的画面。

记得有一次我做了错事，母亲伤心地躲在店铺最里面的和室中悄悄地哭泣。她跪坐在榻榻米上，半裙的裙摆四下散开。那是我人生中第一次见到的非常女性的姿态。

做衣服这种工作，如果团队协作应该比较轻松。但如果所有工作都要一个人来做，会是一种相当繁重的劳动。母亲每天工作到深夜，陪在她身边，我见证了她的辛劳和由此带来的坏情绪。

我深知母亲为了将我培养成人所付出的艰辛。但是，在我幼小的心里，总有一些不认同的地方。人难道不能活得更轻松一些吗？女人何必如此坚强，甚至坚强到可怕？通过母亲，我产生了很多矛盾而又复杂的想法。

我甚至希望母亲能够再嫁，重新获得幸福。但是对于她来说，继续保持原有的生活，不仅带有一种使命感，更带着一种坚韧的、渴望凭一己之力渡过难关的悲壮感。

在我们居住的歌舞伎町，鱼龙混杂。既有美国驻军又有“傍傍”

（站街女），当然还有黑社会小流氓。打架斗殴司空见惯。

有一次和朋友一起玩接球，球没接住，砰地砸到了停在附近的车身上，那是黑社会老大的座驾。我挨了司机一顿恶揍，尽管我还只是个孩子。从那以后，我对黑社会深恶痛绝。

还有一次，我用自制的木刀练习剑道。挥来舞去之时，身后突然传来砰的一声。我回头一看，发现自己的木刀砸到了别人的脑门儿。那是一个来街上找女人的美国大兵。只见他紧紧压住帽子，强忍疼痛，憋得满脸通红。但他却没对我凶，更没动我一根指头。他们不会对小孩子动怒。

此后，在我的印象中，美国大兵总是要比地头蛇和善得多。

虽然年纪小说不清为什么，但我总觉得美国大兵做事很帅。比如他们在酒吧街打架，大兵们围成一个圈，让争斗双方一对一地在圈子正中对决，其他人只是围观以示公平。对于男人之间的争斗，他们立下了这样的规矩并予以遵守。我虽然年纪尚幼，却隐隐地觉得这规矩有种说不出的酷。绝不使阴招，全凭实力争胜负。

当地的地痞流氓有时会对因醉酒而态度不好的客人大打出手，

还会因争抢女人而几个人一起群殴普通的上班族。每当这时，母亲都会走出去冲他们大声斥责："你们都住手！"对方马上骂骂咧咧："哪儿来的凶婆娘！"正是有这些流氓的对比，我才觉得美国大兵的行为更公平、更讲道义。对于本来应该是敌对国的美国，从小我就没有什么厌恶感。

就在这样的歌舞伎町，我家旁边有间公共电话亭，有一次我见到一个妓女模样的女人在打电话。她只穿一件吊带裙，说话嗲声嗲气，似乎是在给客人打电话。让我印象深刻的是她的高跟鞋，以及因为穿着高跟鞋而赫然隆起的小腿肌肉。

从那时起，我就一直对高跟鞋抱有恐惧，这强烈的恐惧感甚至决定了我的女性观。因此，在我的时装设计史当中，几乎很少见到可以搭配高跟鞋的设计。我一直认为女性足蹬平底鞋自然地行走时，才是最美的。

从童年时期开始，我就一直通过女性来认识这个世界。社会对女性是不公平的，而对于创造和操控这个社会的男性，我一直怀有敌意。

所以我非常想强大起来，从小学开始便学习柔道。即便卷入争斗，也绝不逃跑，绝不认输。为了掌握武艺，我开始去淀桥警察署学习，一直坚持到高中。那位我已经忘记了名字的少年课的刑侦员，热心和善，教会了我很多东西。

入学晓星小学

我在东京新宿区的大久保小学校上过一段时期的学。与其说是去上学还不如说是每天去学校打架。也许是因为当时我留了个公子头（锅盖头），所以被当作富家子弟，这经常会成为争斗的根源。上学的日子对我来说，就是打架或输或赢的日子。

有一天，住在水户市的姨父姨妈，劝母亲将我送入私立学校。他们夫妇二人膝下无子，一直视我如己出，在经济上也经常帮衬我们。暑假时，我在水户的私塾补习功课，最后通过了位于东京千代田区的私立学校——晓星小学的入学考试。1955 年（昭和三十年），我正式转入晓星小学，被编入六年级。

晓星小学是一所天主教教会男校，富家子弟居多。身边的环境发生了如此巨大的变化，我受到的文化冲击自然不会小。

比如，午餐的三明治里夹的是上等火腿，小小年纪的我，不由感慨“原来世界上还有这么好吃的食物”。

还有，我很喜欢我们的法语老师。他原来是一名传教士，很有个性，授课认真。到如今虽然我的词汇量很少，但之所以仍然对法语有一种亲切感，应该是拜那时所赐。

每天，坐电车从新宿到九段上，然后横穿靖国神社，是我上学的必经之路。转学之后没多久，有一天，放学路上经过靖国神社的时候，身后突然飞来一块小石子。我回头看看却空无一人。反复几次，我终于恼了:“到底是谁干的？”找来找去，发现原来是晓星小学的同级生林五一君。林君是一个非常帅气的男孩，也许是对我很感兴趣，扔石子是表示友好、想做朋友的一种暗示吧。

每到周日，林君就会邀请我去他家玩。

我的外出服，只有缝着金色纽扣的晓星校服，所以我只能穿着校服去他家玩。而林君却是牛仔裤打扮，据说是住在美国的姑妈送给他的，看起来有型有款。林君身高腿长，牛仔裤特别适合他。

战后，牛仔裤作为慈善物资的一部分被引进到日本，那大多是驻日美军穿过的二手服装或是来自美国基督教团体的捐赠。牛仔裤流行起来的一个很重要的原因，是当时名为《伊甸之东》（1955 年）和《巨人传》（1956 年）

的电影的上映。演员詹姆斯·迪恩在影片中就穿着牛仔裤。此后牛仔裤就渐渐为追求新潮的年轻人所推崇。

当时我是第一次见到牛仔裤这种东西。如今牛仔裤已经普及且完全大众化了，但当年非同今日，欣赏的感觉自然也与现在不同。那条牛仔裤或许是用靛蓝浆染的美国货，在我看来有着说不出的优雅。

只是当时我只感觉到新奇，并没想过要拥有。

而且，我做梦也没有想过，林君在后来会成为我时装事业上的合作伙伴。

晓星中学三年级时的修学旅行（照片由山本富美女士提供）

初高中时代

初高中时期，我一直沉迷于画画。和当今的时代不同，在当年，没有游戏机和互联网等娱乐设备，游戏和个人爱好全靠自己来创造和养成。

初中时期，我画了很多漫画。既有以柔道为主题的故事，也有各种古装戏。有时，好友林五一君会和我一起构思故事，由我来画。有些画的笔触类似于横山光辉[1]和手塚治虫的作品。

在画古装故事的时候，由于不能很好地画出传统下裳——袴的样子，我就请母亲找出父亲的袴装给我参考。据母亲回忆，当时我穿着父亲的袴装站在镜子面前，一边照镜子一边画。这些细节我自己已经记不清了。

随着画画的愿望愈加强烈，高中时代，每到周末，我都会去位

1 横山光辉（1934—2004），日本著名漫画家。代表作有《铁人 28 号》《六神合体》《魔女莎莉》《彗星公主》《巴比伦二世》《三国志》等。

中学时代的漫画作品（照片由山本富美女士提供）

于东京都内的时装插画师长泽节先生主办的绘画教室学习。但是，我为什么选择到这里学画，现在已经完全想不起来了。

长泽节先生生于 1917 年（大正六年）。在战前画插画，1954 年（昭和二十九年）开设了教授时装插图的“长泽节时装绘画教室”。后来改为“Setsu Mode Seminar”（长泽节时尚研究所）。在一种自由而新鲜的氛围中，培养了很多插画师。时装设计师花井幸子 、金子功等 20 世纪 80 年代以后时装界的领军人物都曾在这里学习。长泽节先生于 1999 年（平成十一年）去世。

在这里学习的人，几乎都是想当设计师或者职业画家的人，他们都比我年长。

石膏素描，或着装或裸体的男女模特素描，我都是在这里学习和接受训练的。

有一次，我正对着希腊石膏雕像专心致志地用木炭画素描，身后传来长泽节先生的声音。“小伙子！ ”他说，“别紧贴在画布上，离开点距离，抽支烟，好好瞧瞧自己到底在画些什么。”从那时起，我便学会了抽烟。

长泽先生喜欢拥有修长美腿的男孩女孩。我腿短，自然没有受到特别关注。但是后来，当我在巴黎成名时，听说他曾经提到我：“那孩子在我这里学习过呢！”

毕业志向的抉择期很快就来临了，我同时报考了庆应义塾大学的法学部和东京艺术大学。一路通过了东京艺大的复试以后，第三轮考试与庆应大学的考试日期发生了冲突，我百般犹豫，最终还是参加了庆应的考试并顺利通过。我喜欢画画，但是对于成为职业画家，心里还是有些不安。我的大伯是个艺术家，这大概也影响了我的决定。我对那些误认为自己在某些方面有才华的人抱有疑问，认为他们最后往往会给周围的人带来很多麻烦。

选择庆应大学，也是我对母亲日夜辛劳的一种回报。

进入大学

我的年少时光，是一边目睹着母亲的艰辛一边成长的岁月。所以一直到高中，我都是个好孩子。或者说，我不得不做一个好孩子。从而在某些方面隐藏和抹杀了自己的个性。

选择就读庆应大学法学部，让母亲得到了宽慰。我开始产生一种“已然尽孝”的想法。在我心里，所有知识的汲取在大学入学前就已结束。上了大学之后便一心向玩，还组织过舞会。

当时的我，没有目标，考虑的是“不想成为任何人”。我开始拒绝面对人生，如果可能的话，我愿意一直呆在人生的 Moratorium（延缓期）。不想直面人生，也不想面对将来，这也许就是人们所说的“冷漠的一代”[1]。

我偶然地进入了一所富豪云集的大学。庆应大学的学生，大多

1 冷漠的一代（しらけ世代），主要指出生于 20 世纪 50 年代到 60 年代前半期的人。特征为“有气无力、对世事漠不关心、没有责任心”。

家境殷实。受朋友之邀去做客，他们家全是气派的豪宅。轮到我招待朋友的时候，只能在我租住的新宿区柏木的一间小公寓，那是母亲帮我租的房子。虽然我有些别扭，但是朋友们却毫不介意。可以看出，他们都没吃过苦，没有被歧视过，也不懂得歧视别人。

不知不觉到了要考虑就业的时候了，我想到朋友们可以继承家业，大家都能够顺顺当当地翻开人生新的一页，就明白自己跟他们原本就没有站在同一条起跑线上。但到一家普通企业就职做个上班族，又是我极不情愿的事情。

1965 年（昭和四十年）6 月，我和朋友结伴，两个人一起去欧洲旅行了三个月。

——

以往仅限于公务和留学的海外旅行，在 1964 年（昭和三十九年）开始解禁。限每人每年一次，可携带外币合 500 美金（按当时汇率约合 360 日元），任何人都可以自由出入境。同年，出国旅行人数达到十二万八千人。

——

旅行费用的一半来自我打零工赚的钱。当时我接了两三份家庭教师的工作，还在咖啡馆做侍应生，攒下了一些积蓄。家庭教师收

在巴黎的咖啡馆 1965 年（由山本富美女士提供）

入不错，我教的是自己擅长的英语和国文。一心想把孩子送到好学校的妈妈们，把我当神一样供着，自然收入不菲。旅行的另一半费用是母亲出的。

我们横跨西伯利亚，先到了北欧的芬兰。芬兰非常洁净，可是我却觉得乏味无聊。就这样辗转了欧洲很多个城市。当我们坐着火车从德国来到巴黎，踏上站台的瞬间，我松了一口气，一种说不出的舒畅传遍全身。

那种气味、灰尘感、俗世喧嚣的景象等等，瞬间抓住了我："这就是我的城市，我可以在这里生活。"多年过去，我仍会时常回想起那个奇妙的瞬间。

从此，我便与巴黎结下了不解之缘。

就读文化服装学院

大学四年毕业，我仍不想直面现实，不想进入竞争激烈的社会，成为大齿轮上的一个小零件。我一直向后退缩。有一天，我对经营着裁缝铺的母亲说："我想在店里帮忙。"

从那天起好长一段时间，母亲赌气不跟我说话，大概她希望我能够进入一流企业就职吧。最后她终于开口说："你既然要做，就不要被缝纫工耻笑，去缝纫学校学学手艺吧。"我心中暗喜："成了！"

1966年（昭和四十一年）我进入文化服装学院学习。当时学院里有学生一万人左右。有很多是准备嫁人的姑娘，她们学习裁剪手艺，是为了成为新娘而做的准备。学生当中大概有一百名男生，总之，我们是超少数派。

一个班大概有七十人。周围都是比我年轻的女孩子，我指套顶针手捏针线，跟她们一起学习和练习运针方法。可是到了刺绣或者锁扣眼的环节，就很麻烦。跟女孩子比，我的手指太粗，手掌也太大了，怎么看都像体育健将的手，不像是能干细活儿的。所以，当时我经常请女孩子吃午饭，作为交换，让她们帮我做那些繁琐的细活儿，干了好多偷懒耍滑的事儿。与之相比，对素描和设计图，我兴趣盎然，学习得很认真。每到文化节，我就把自己画的设计图拿去卖，后来听母亲说，当时卖出去很多。

在本科第一年结束的时候，老师说，你可以试试去考设计系。我轻松地通过了考试。

在设计系，印象最深的是后来成为文化服装学院院长的小池千枝老师每次在上早课之前的讲话。我们称之为“晨间派送”。一般会讲一些流行信息，风靡全球的伊夫·圣罗兰[1]在巴黎发布的最新作品，等等。小池老师曾留学于巴黎高级定制服装联盟的学校，与伊夫·圣罗兰在同一间教室学习过，所以对他的资讯了解得非常详细。

小池老师教导学生“要有个性”，没有其他过于细致的要求。她特别强调“基础要夯实，才能发挥出自己的个性特点”，所以对基础学习的要求非常严格。

---

1 伊夫·圣罗兰（Yves Saint Laurent，1936—2008），法国时尚设计师，也被认为是20世纪法国最伟大的设计师之一。古驰集团于2002年买下了伊夫·圣罗兰的品牌。

有一次，设计系的学长建议我参加设计比赛，据说如果入围前三，就可以拿到奖金。此后，我经常寄一些设计图，希望能够获奖，赚到奖金。在我参加过的众多比赛之中，装苑奖可以说是难度最大的一个，参赛不仅要提交设计图，还必须将服装实际制作出来。

——

装苑奖，是为纪念服饰杂志《装苑》创刊二十周年，于 1956 年（昭和三十一年）设立的一个奖项。作为日本国内颇具代表性的时装设计竞赛，展开公开招募，被称为“鱼跃龙门之赛”，给年轻设计师以通往成功之路的机会。得奖者包括小筱顺子（1960 年）、高田贤三（1961 年）、山本宽斋（1967 年）等。

——

最终评审时，需要模特身着参赛作品，在德高望重的评委面前展示。我在 1969 年得到装苑奖，记得当时一位评委说了这样一句话：“这是一位久违的重量级新人。”

看过装苑奖的一些参赛作品后，我时常会得到一些启发：“哦？还可以做成这样！”作为一名学生，通过跟一些有经验有实力的人竞赛，我自然而然地开了窍，开始对时装设计有所领悟。

绝望巴黎

1969 年，在获得装苑奖的同时，我还获得了文化服装学院在校学生优秀设计奖——远藤奖。当年，装苑奖的奖金是十万日元，远藤奖的附赠奖品是一张巴黎往返机票。于是，以汇总和报告巴黎的情况为条件，由东京日本桥崛留町的服饰总批发店出资，我在巴黎生活了大约一年的时间。

在此之前一年的 1968 年，巴黎发生了“五月革命”，在人们的价值观发生巨大转变的时期，时装界也迎来了高级成衣的全盛期。

——

五月革命，是以巴黎大学的学生为中心，由反对时代闭塞的年轻人发起的反体制运动。其影响也波及了时尚界。专门面向上流社会的高级定制服装渐渐被认为古板陈腐，面向更多民众的成衣开始普及起来。1968 年，年轻设计师伊夫 · 圣罗兰发表了他的新设计——透视装，打破了以往的道德观和传统习俗，社会的变革能量为时尚界带来影响，推进了“服装的民主化”进程。

坐在咖啡馆，时常能看到一些时髦人士从旋转门进来。他们身着当时刚开始流行的索尼亚·里基尔[1]等品牌的成衣。这些服饰的风格，跟我在文化服装学院学习的以定制手法制作的服装风格相去甚远。亲眼目睹“高定”时代的逝去，心里不能说没有受到冲击。

起初，我带着自己的设计图去了法国的时尚杂志编辑部。我抱着些微的期待，觉得自己的设计应该会获得好评。可实际上，一个日本男人上门推销自己这件事情本身，就已经不被看好了。当时，《时装之苑》（*le jardin des modes*）等两三家杂志的编辑接待了我，但他们都回复我说："你与我们的风格不符。"

我无事可做，情绪低落，形影单只，渴望与人交往。在巴黎待不下去，我就乘上火车，去西班牙、葡萄牙、意大利旅行，到一些小城市去参观一些小美术馆，在那里，我感觉自己的内心得到些许治愈。

其间，我渐渐沉迷于巴黎的皮加勒红灯区。著名的红磨坊夜总会就在这里。周围有很多色情旅馆，也有很多看起来很可怕的女人。可是她们意外地对我很友善，还时常请我吃东西。

1　索尼亚·里基尔（Sonia Rykiel，1930—2016），法国著名服装设计师、针织女王索尼亚·里基尔的服装品牌。

我喝着廉价的红酒，下赌注玩台球。我曾一度感觉自己跌进了绝望的谷底，与其说是绝望，不如说是坠落，在坠落的过程中还享受着一种莫名的快感。

当时在巴黎，也有其他以演艺或者搞艺术为志向的日本人，其中不乏相信自己一定能出人头地，最后精神出了问题的人。我开始害怕自己也会沦落到如此下场，于是逃亡一般地回到了日本。

即便如此，巴黎与我之间，依然有着命中注定的缘分。就好像被一个坏女人吸引，意乱情迷并越陷越深，最后不能自拔。巴黎之于我，就是这样一位 Femme fatale——天命之女。

成立公司

从巴黎回来以后，我开始在母亲的裁缝铺里帮忙做事。做衣服来卖，对我来说是一门很严峻的实践课。

批发来的进口布料堆在店里的架子上，一边向客户展示“这种印花，适合做这样的款式”，一边画图并提出建议。一个从巴黎回来的二十多岁的年轻人，从设计到剪裁直到量身缝制一手包办，让店里的生意一时很红火。

但是同时，一种压抑感渐渐在我心头累积。当时，很多人都喜欢晚礼服式的款式，但是多数人的身材比例并不协调，跟外国人的形体差别很大，明明不适合自己的东西却硬要做来穿。

我喜欢的是剪裁，即通过不同的裁剪来创造轮廓造型，使之呈现面料本身的质感，充分利用布料的特质来展现服装的个性。那种只强调花色的印花布料，对我来说无甚意义。不过，跪在女人面前为连衣裙的裙脚扦边，再难一点的也就是收妥腰围，这种工作虽然很辛苦，却很赚钱。

两三年以后，有个男子请求到我这里工作，我招收了他，从那时开始，工作变得逐渐快乐起来。以前周围全是女性——女缝纫工，再加上母亲。身边第一次有男性从早到晚一起工作，我感觉非常开心。他心灵手巧，缝制工作做得也漂亮。但是我最中意的，却是下班之后两个人能一起到附近的小酒馆去喝酒。因为那时我也负责收款，所以偶尔会在销售额上克扣那么一点点酒钱出来。

每天做着衣服，心中却渴望着去实现"高级成衣时代"的梦想，那是我在巴黎时就在心中立下的志向。我在母亲的店里一边做事赚钱，一边着手准备开一间成衣公司，1972 年（昭和四十七年），我租用了位于青山的一所公寓中的一个房间，成立了自己的公司"Y′s"，并说服我晓星时代的好朋友、当时就职于外资航空公司的林五一君加入我的公司。

——

20 世纪 70 年代初，一些小型服装企业开始陆续成立。因为多是租用一间公寓来做衣服，所以也被称为"公寓车间"，尼可尔（NICOLE）、比奇（BIKI）等品牌也是在这个时期诞生的，随后 DC（Designers & Character）品牌风潮也应运而生。

第一次参展，展出的是羊毛华达呢定制套装等女装。虽说是女款，却多数带有男装的风格。当时只有两三个买家捧场，完全卖不动。成衣与定制服装的不同在于，由于是面向未知的多数消费群体，你做出了自己想做的，却不知道是不是会被消费者接受。这是一项风险很大的工作。

林君将我做的衣服装上卡车，跑遍全国的专卖店和精品店去推销。我有时也会一起去，深知这是项非常艰苦的工作。林君因为过度操劳，患了胃溃疡，吐血病倒了。

后来有一次，我在设计生产一百件服装时，将其中百分之八十做成了风衣，而且是宽松款式的。在当时，几乎没有宽松款服装。我从学生时代开始，就非常擅长制作插肩袖等变形的袖子，所以就做了些自己拿手款式的风衣。也许是因为新颖，我记得从外地来京的资深女性买手对我说："你的时代终将到来。"

接受订单，开始真正意义上的生产，就是从这个时期开始的。每到展示会时，客户就会逐渐增加，于是我萌生了办时装秀的想法。但是林君因为一直在做销售，逐渐对时装界和市场的情况了如指掌，他告诉我时机还未成熟。最终，很长一段时间以后，我的愿望才终于得以实现。

1977年（昭和五十二年），我的第一场时装秀在刚刚建成的位于东京青山的时尚大厦“青山 BELL COMMONS”举办，那已经是公司成立五年之后的事情了。第二年，我的第一间专卖店也进驻这座大厦中。

进军巴黎

1977 年（昭和五十二年）在东京举办的首场女装发布会，为我带来了重大转机。

专门为发布会制作的服装样品刚出来的时候，我怎么看都觉得不满意。于是在发布会的前一天，我让员工把它们扔进洗衣机里洗，洗完晒干，没有熨烫就直接让模特穿上了秀场。这样一来，反而突出了衣料的强韧质地。这在当时被誉为“褶裥美学”。

我想做的，是独立女性的职业装。那是和传统意义上的保守的女性形象截然不同的东西。我创造出的跟以往成衣不同的价值观和美感获得了受众的好评，并一路风行起来。当然，我的动力来自于周围人不同形式的肯定和支持。

此后，我的服装以令人难以置信的速度大卖，畅销到几乎来不及做新的设计。我把这段时期称为我的“失去的十年”[1]，由于没日没

1 “失去的十年”(The lost decade)，典出日本在泡沫经济崩溃后自 1991 年到 21 世纪初期的长期经济不景气。

夜拼命地工作，当时在日本发生过什么，流行过什么，在我的记忆中没留下任何痕迹。

我将日本地图贴在公司的墙上，每当做成一个新的客户，便用红色的大头针插在地图上做记号。不久，当整个日本变成一片红，已经无处下针的时候，我对公司的员工说："去巴黎！"

我只要在巴黎开一间小服装店就好。我想，在巴黎，或许也有一些怪人会喜欢我做的衣服。因为即使业务范围已经拓展到了日本各地，仍会有些记者批判道："为什么要做这种看起来又脏又破的怪衣服。"1981 年，我在巴黎开了一间小小的时装店。

同年，我在巴黎举办了一次小规模时装秀，展出了以黑色为主调的无彩度超大尺码的叠穿服装，还有一些左右不对称的设计。

——

在当时的巴黎时装周，备受推崇的是蒂埃里·穆勒（Thierry Mugler）和克洛德·蒙塔那（Claude Montana）这些设计师。他们拿出的作品，是一些利用大肩垫夸大肩部线条，再收紧腰部，使上身呈倒三角形的色彩艳丽、剪裁贴身的服装。也就是说，在当时，紧身设计引领着女装的潮流。

1981—1982 年 巴黎时装周秋冬时装发布会

当大家对铠甲般夸张的肩部产生审美疲劳时，买手们开始寻找新的设计。

欧美的买家挤满了我的秀场。终场的时候，买手们甚至没有预约就蜂拥而至："给我们看看成衣！""我们要买！"面对这种情况，我们没有任何准备，谁能想到他们会挤到办公室来买衣服呢？

由于来了太多买家，我临时租用的办公室所在的那栋旧楼，电梯也不堪重荷，罢工了。

臧否之狂潮

我在 1982 年（昭和五十七年）10 月的巴黎时装周，展出了 1983 年的春夏成衣设计。伸展台搭建在卢浮宫的中庭，那里是巴黎时装周的主会场。

展出的服装依然大多以黑色为基调，随意地在一些地方开了洞，松松地包裹住身体，款式简洁，颜色肃穆。

对于设计师们在巴黎时装周推出的新设计，欧美的报纸和杂志是一定会报道和评论的。

同一时期，川久保玲的服装品牌 Comme des Garcons 也参加了巴黎时装周。媒体及评论认为我们风格相似，所以经常以 Le japonais，即“日本人”一词的复数形式来称呼我们。而对于 Le japonais 的设计，既有推崇，也有批判。媒体评论两极分化，褒贬不一。

——

在这期间，日本与欧洲、美国之间发生了严重的贸易摩擦，日本生产的

VTR、照相机、汽车大量出口，到 20 世纪 80 年代初，日本对欧洲的贸易顺差已经突破了 100 亿美元。在美国，由于日本汽车严重冲击了本土汽车产业，日本汽车制造商开始自发限制对美出口量。

——

有的美国记者气焰嚣张地对我说："听好了，日本人生产的汽车我们美国人是绝不会坐的！"那时候我的英文水平不高，急欲反驳却说不出来，心里感觉十分憋屈。

而且，美国的著名时装界报纸 *WWD*，在我和川久保玲设计的服装的照片上打了个大大的叉，文章的标题是"Goodbye"。似乎是表明，这样的设计绝对不能接受。看着报道，我只是觉得可笑。

法国的业界保守派报纸《费加罗》也刊发报道表示："像遭遇了炸弹爆炸一般破败颓废的服装，让你似乎看到了世界末日。"

也就是说，我们的设计完全背离了欧美的时尚潮流，就像能乐中离经叛道的"非风"。而大量地使用一般用于丧服的黑色，也被看作是违反常规之举。

就我个人来讲，我并没有刻意地与西方审美对立。我只是拿出了自己喜欢的东西。而且，我并不喜欢西方的那种约定俗成的着装理念，我确信，只有打破这种所谓的和谐，才是美丽的。

另一方面，法国的左翼报纸《解放报》却对我们赞赏有加，让我都有些不知所措：我们也不至于那么伟大吧。至今我还记得自己曾对川久保玲说："嘿！原来也有肯定我们的报纸呢！"

此前默默无闻的我们，突然名声大噪，那种突如其来的冲击，我一时还无法接受。

试想如果当时挑战巴黎的只有我一人，恐怕不会如此轰动。正因为与川久保玲同期踏入巴黎时装界，我们联合起来才得以对抗随之而来的各种敌意和威胁。

其后大约五年的时间里，业界对我的设计一直是褒贬不一，态度两极，但也许正因为如此，才让我有了努力进步的动力。

在东京举办的首场时装秀

1983 年 巴黎时装周春夏时装发布会（由大石一男先生提供）

1991 年“6 · 1 THE MEN”众多音乐人登台

1983 年时装秀的终场谢幕
巴黎时装周春夏时装发布会

1998—1999 年 巴黎时装周秋冬男装发布会
夏洛特 · 兰普林等女演员和女艺术家作为模特登台演绎

1999—2000 年 巴黎时装周秋冬男装发布会
身着 Yohji Yamamoto 男装的罗马乐队登台

1994—1995 年 巴黎时装周秋冬时装发布会 加入和服元素

1997 年 巴黎时装周春夏时装发布会 向香奈儿致敬

2012 年 巴黎时装周春夏时装发布会

2012 年 巴黎时装周春夏时装发布会 · 男装

2012—2013 年 巴黎时装周秋冬时装发布会

THE MEN 4.1 2010 TOKYO
发布会的终场谢幕

描绘女性的近作

维姆·文德斯

1989 年，电影《都市时装速记》摄制完成。这部纪录片分别在巴黎和东京两地，跟踪拍摄了我的创作活动。

该片的导演、编剧和旁白都由德国人维姆·文德斯一人所兼。

——

电影导演维姆·文德斯（Wim Wenders），1945 年出生于德国杜塞尔多夫。他曾因执导影片《德州巴黎》（*Paris*，*Texas*，1984 年）荣获戛纳国际电影节金棕榈奖，又凭《柏林苍穹下》（*Wings of Desire*，1987 年）获得戛纳电影节最佳导演奖，是德国最具代表性的电影导演之一。

——

我与维姆相识于巴黎的蓬皮杜艺术中心。当时有策展人提出，想在现代美术和文化的根据地之一蓬皮杜举办我的设计作品展览会。而我觉得自己作为一个正在创作中的设计师，在展览会上展出过去的服装并不合适，因此婉拒。对方随即又提议，是否可以面向学习美术的学生，以教学纪录片的形式拍摄我的日常创作，我这才开始有些兴趣。于是有一天，我被介绍给了维姆。当时他的《柏林苍穹下》大获成功。他在影片的最后，让女主角穿上了我设计的红色礼服裙。而那时，我们还未曾谋面。

我们一见如故。在后来的交谈中才渐渐明白，我们都是在战败国受美国文化的影响长大的一代，有很多记忆可以说是共通的。

在东京的拍摄，他只身前来。我当时想，用于教学的影片随便拍拍就可以吧。他带来的是一台用来拍电影的名为“Eyemo”的摄影机。记得在开始拍摄制版师们做纸样的工作画面时，现场很安静，胶片啪嗒啪嗒转动的声音马上让他意识到“摄影机的声音会影响到她们的工作，觉得大为不妥”。

于是，他跑到秋叶原新买了一部摄像机，尽管他对这种新出的玩意儿原本充满了怀疑和轻蔑。

他的行为，让我感觉到他对员工们的尊重和敬意。而且，对小公司的员工都如此用心的人，一定是内心真诚的人。

本来，我是不喜欢被拍摄的，但自从在心里接纳了他，我就决定按照他的意思尽量去配合。随着拍摄工作的推进，当初的计划也被推翻，他提出:“不拍教材片了，我想将它拍成面向大众的电影！”

与维姆·文德斯 ©Alice Springs

于是，一部通过展现我的服装制作，来探讨何为都市文化的影片就这样诞生了。

他经常会穿我设计的衣服。我也曾根据他的要求为他设计服装。因为经常旅行，所以他想把护照、机票、钱夹之类的东西统统收纳到上衣当中。我也是一个想把必备品全放到口袋里的人，在这一点上，我们的想法又一次不谋而合。于是，我专门为他设计制作了上衣和裤子，上下共有26个口袋。

虽然我们国籍不同，但我们思想相近，对人的看法也几乎一致，甚至喜欢的音乐也是相似的风格。彼此之间无须赘言，在一起也会很放松。一直到现在，我们都是很好的朋友。如果有人让我举出几个好朋友的名字，当中一定会有他。

北野武

与北野武相识，大概缘于一次在某杂志的对谈。具体是什么时候我记不清了。虽然当时我也说了些话，但是完全不能称为“对谈”。因为武先生实在是太有趣了，整场对谈我只剩笑的份儿。

——

北野武，1947 年生于东京。明治大学工学部中途退学。在浅草脱衣舞场“浅草法兰西座”当学徒，以艺人的身份修习。1978 年组成二人相声组合“TWO BEAT”，直接推动了相声艺术的繁荣。1983 年出演大岛渚导演的作品《战场上快乐的圣诞节》。1989 年首次执导电影《凶暴的男子》，1998 年执导并主演的电影《花火》在威尼斯影展获金狮奖。作为主持人、电影导演以及艺术家活跃在各个舞台。2010 年在法国卡地亚当代艺术基金会展出作品，同年获颁法国文学与艺术勋章的最高荣誉——高等骑士勋章。

——

我与武先生，也许是因为趣味相投，《大佬》《座头市》等电影里的服装设计，都有我的参与。《玩偶》也是其中之一。记得有一次我在酒馆跟老朋友一起喝酒唱歌，武先生带着他的“武军团”浩浩荡荡而来，酒馆里立刻人满为患。大家唱歌娱乐，玩得不亦乐乎。我和武先生唱累了之后，他坐到我身边说“我想拍这么个片子”，然后开始跟我聊起他正在构思的一部新电影。我被他讲述的情节深深打动：“太棒了，真是个好故事！一定要拍出来啊！”这就是那部《玩偶》。

我担任了该电影的服装设计。一部电影，在普通的场景中会有各个不同性格的人物登场。总不能让他们人人都穿着 Yohji Yamamoto 风格的服装，而且服装不能抢了人物的风头，所以电影服装很难设计。不过《玩偶》这部电影所讲述的，本身就是超出现实的夸张故事，所以也需要一些特别的服装来配搭。

我认真地设计制作着戏装。每到试装时，武先生总是很兴奋地说：“这衣服很有意思呀！”得到了他的肯定，我就想：“好！既然武先生也喜欢，我就当自己是在电影中举办一场特殊的时装发布会好了！”

于是，继在巴黎时装周上推出日本元素之后，我在电影中又一次得以尝试日本风格的设计。剧本中出现过这样的场景：雪地中有一栋房子,旁边晾晒着褞袍[1]。我特意向京友禅的老店——京都的千总定制了友禅染[2]。那褞袍,男装女装都是用友禅染的面料做成的。影片的主演菅野美穗和西岛秀俊身着褞袍在冰天雪地中惊慌失措地奔逃的画面,美得令人窒息。看到这里,我甚至觉得影片如果能在这里结束就好了。

电影服装的工作范围,其实应该连群众演员的服装都包括在内。但是由于数量过大,我无法顾及全体,所以只被要求做主要人物的服装设计。其他服装是由服装部门的负责人拿来他们的构思方案,尽量将两种风格配合在一起。但是我设计的服装实在很难与别的服装协调。从这一点来看,电影服装真的很难做。

北野武先生是我喜欢的电影导演。但这和做他电影的服装完全是两回事。电影的服装如果太突出设计师的自我风格,那就是失败的。所以,我一般会推辞这方面的邀约。但是武先生个人的服装,我一直在做。我想大概是因为我们虽然性格志向各不相同,却总会觉得在某些地方有着共鸣。

---

1 褞袍,日式冬衣。比一般的和服要长,宽袍大袖,以便衬入厚厚的棉絮来御寒。

2 友禅染,日本特有的染色技巧。友禅的名称来源于始创者、江户时代的扇绘师宫崎友禅斋。

武先生在生活中是个很腼腆的人，寡言少语。可是，我觉得这样很好。作为一名创作者或者艺术家，相比那些处处高调地显示自己很了不起的家伙，我更喜欢低调腼腆的人。和维姆·文德斯、碧娜·鲍许一样，作为友人，武先生在我心中永远占有一席之地。

男装

我从 1979 年（昭和五十四年）开始设计制作男装。时值女装销量日益向好，身着我的品牌和 Comme des Garcons 品牌服装的女性，街上时有可见。

当时，穿着我设计的服装的女子，被称作“独立女性”，似乎有种令男人无法轻易接近的气质。因此也有一种说法是，穿 Yohji Yamamoto 和 Comme des Garcons 的女人，没男人缘。

于是我萌生了一个想法，不如设计些与我的女装相配的男装，让男人们穿上，可与身着 Yohji Yamamoto 的女子并肩走在街上。

首先我避开了上班族穿的西服套装。我不想设计那些中上流甚至于顶尖人士的服装。不在其列，并不代表人生是失败的。设计主题干脆就叫作“放逐者”。

对我来说，设计男装与设计女装是不一样的感受。前者仿佛带着一种对自己人的了解，是一项快乐的工作。似乎常有“一起去使个坏”或者“试试违背一下常理道德又如何”的感觉。

当时，我采用了很多种颜色。手感粗砺的棉质卡其色外套下面，搭配靛蓝色的宽松裤装。肩部设计从当时的标准来看略显宽大。第一次展出就被舆论评为“帅气有型”。自 1984 年起，我设计的男装开始在巴黎时装周展示。

1991 年（平成三年）6 月，我与 Comme des Garcons 一道，在东京的明治神宫游泳馆举办了题为“6·1 THE MEN”的时装秀。这一年，实际上是世界时装界极为动荡的一年。

——

1991 年 1 月，以美国为核心的多国部队进攻伊拉克，发动了海湾战争。该战争使同年的巴黎时装周受到波及，不仅一些设计师相继退展，还有很多买家停止了海外差旅活动，服装业整体销售低迷。

——

这次活动的介绍上这样写道：“1991 年 2 月，海湾战争爆发，就在紧张局势达到顶峰之时，Comme des Garcons 和 Yohji Yamamoto 的男装发布会同以往一样，平静而自然地召开了。它等于在向世界无言地宣告‘时尚、创作的自由即和平的象征’。他们的男装设计理念简洁明快，更选择了不同个性和气质的男性来演绎，勾勒出一幅幅以全新方式生活着的男性画面。在局势动荡的非常时期，为世界呈上一场精彩感人的时装秀。这两位设计师首次将巴黎时装周男装发布会的作品，一同在日本展示。”

“每天的心情怎么能被战争局势左右！”我这样想着，同时产生了让男装看起来更具趣味性的想法，于是决定将巴黎时装周的作品拿到东京来展出。

我们不用专业模特，而是请来五十多位艺术家当我们的模特。那时 Comme des Garcons 和我的名字，已为世界上喜爱时尚的艺术家们所熟知，所以很多人都热情积极地参与进来。Comme des Garcons 请来了演员丹尼斯 · 霍珀（Dennis Hopper）、演员及萨克斯演奏家约翰 · 卢瑞尔（John Lurie）等人。而我请来的模特则以音乐家为主，日本的细野晴臣[1]和高桥幸宏[2]都来参加了展演。

时装秀难在它是一场没有台词、只有走台的演出。但是，反而

1 细野晴臣（1947— ），日本知名音乐家，曾获得 2008 年艺术选奖之文部科学大臣奖。

2 高桥幸宏（1952— ），日本创作歌手，兼具鼓手、作词家、作曲家、编曲家以及音乐制作人的身份。同时还是时装设计师和作家。

可以使人由此发现男性的可爱之处。服装只是提倡和展现某种生活方式、生活形态的一种辅助手段，艺术家和服装之间由相互碰撞到相辅相成，最后呈现出珠联璧合的奇妙效果。

这样的时装秀实属罕见，掌声和欢呼声不绝于耳。唯一让我感到遗憾的是，我非常喜欢的一位艺术家鲍勃·迪伦（Bob Dylan）拒绝了我的邀请。

坂口安吾

自年少时起，我就喜爱读书。中学时代，我曾经有一段时期痴迷俄罗斯文学。

我读过高尔基和普希金的作品，但最令我着迷的是陀思妥耶夫斯基。不仅他的小说，连他的书信也全都读过。只是因为翻译文学有局限性，我所能理解的也很有限。因为不同译者的文字表现大不相同。

与博览群书相比，我更倾向于专注并深入阅读某个作家的作品。认识坂口安吾时，我已年届四十。

知道这个名字很偶然。有一次我看了一眼报纸上的文章介绍："坂口安吾再次受到瞩目。"当时我想，坂口安吾是谁？这人要周期性地出出风头？

——

坂门安吾，1906 年（明治三十九年）出生于新潟市。做过代课教师，后考入东洋大学。其后开始小说创作。他在 1942 年（昭和十七年）写于战时的《日本文化之己见》中，提出“比起强调日本的传统美学，提供便利的生活才是当务之急”。后因其 1946 年于战后发表的《堕落论》而名声大噪。该文否定了战时的伦理观念，以“堕落之德”给混沌的社会以强烈的冲击，从而使他一跃成为畅销作家。他因反时代反权威的处世态度而被称作“无赖派”作家。坂口安吾于 1955 年去世，终年四十八岁。

——

坂口安吾的语言表达明快，文字优美，擅长用最少的日文词汇阐述观点。如果朗声阅读，其文字的美感则更为明显。《堕落论》一文，我就是放声朗读出来的。

另外，他在作品中写道：“身为一名表达者，对于反道德的事情如果不深入体会，你将无法发现一些显而易见的现象。”我当时正在烦恼的事情，他如洞悉一切般地写了出来，毫不忸怩。虽然我们生活在不同的时代，但是艺术和文化可以超越时空而相遇相通。我脑子里想的事情，就这样被转换成了文字。坂口安吾真的很了不起。

虽然是二十多年前的往事，但是我想，欧美的那些记者当时如果读过坂口安吾，也许就会通过文字了解我。想到这里，我萌生了请人将他的作品译成英文的想法。

卫队的《加入自卫队吧》而受到瞩目。高田渡以低语般的歌声在民谣音乐领域自成一派，其性格超然，为人宽和大度，受到广泛的喜爱。他于 2005 年（平成十七年）去世，终年五十六岁。

——

我们因为音乐经纪人的介绍而结识，一见如故，惺惺相惜。渡先生的音乐大胆地省去一切多余的东西，令我十分佩服和欣赏。

渡先生也曾来我的公司做客，我还请他一起出演过脱口秀，并曾拜托他为我喜欢的歌词作曲。那首歌题为《病》,它在我的专辑和他的专辑里都有收录。

年少时，我就热爱音乐。在晓星的同学也是后来的工作伙伴林五一君的家里第一次听到猫王的歌曲时，我就被深深打动了。那时街上流行的还都是些日本流行歌谣。

后来，当听说自己喜爱的猫王的音乐在美国被认为是堕落的音乐时，我很是不解。在我看来，猫王的音乐源于爵士和蓝调，表达了受苦受难者的心声。而我感觉，只有在苦难生活中诞生的音乐才是真正的音乐。

20 世纪 80 年代后期，我为寻找服装面料周游日本列岛，在冲绳的西表岛结识了石垣夫妇。石垣先生边务农边积极参与抵制开发度假村的运动，石垣太太则是一位染织家。当喝着泡盛[1]，听着石垣先生弹拨着三味线[2]与妻子对唱的情歌时，我禁不住热泪盈眶。

自从自己开始演奏乐器之后，我深深地体会到，音乐不仅仅是音乐家的事情，它为生活者所拥有。但也许，这只是我自说自话。

从学生时代开始，我就参加乐队的演出了。绘画也是从年少时开始的，并一直受到赞许，有时候连我自己都觉得自己画得不错。但音乐不是这样。我热爱音乐，却没有天赋。玩音乐不过是隔靴搔痒，自己过瘾罢了。就像有时候诗兴大发，一肚子情感想要表达，却不知该如何下笔一样。

有时候我很想拨几下吉他，也曾经想过召集以前乐队的人一起玩玩音乐。

1　泡盛，日本最古老的蒸馏酒，被称为日本烧酒的起源。

2　三味线，日本琉球群岛特有的拨弦乐器，源于中国古代的三弦琴。它由琴头、琴颈、琴身三部分构成，因琴身两面蒙有蛇皮，也被称为蛇皮线或蛇味线。

1997 年 在 Live House 举办演唱会

如今，音乐是我的安睡剂。我常听鲍勃·迪伦、詹姆斯·泰勒[1]、西蒙和加芬克尔[2]。后来看电视剧《北国》，又知道了长渕刚[3]。我还喜欢中岛美雪[4]。

1 詹姆斯·泰勒（James Taylor，1948— ），美国音乐人，吉他演奏家。20 世纪 70 年代至 90 年代很受欢迎。

2 西蒙和加芬克尔（Simon & Garfunkel），著名美国民谣摇滚二重唱组合，20 世纪 60 年代最流行的乐团之一。被称为流行音乐史上的最佳二重唱。

3 长渕刚（1956— ），日本民谣歌王，词曲作者兼演员。代表曲目之一《干杯》即为姜育恒翻唱的《与往事干杯》。

4 中岛美雪（1952— ），日本代表性的一位创作型女歌手，于 20 世纪 80 年代受到极大欢迎，至今仍受到普遍的支持。

挑战禁忌

在巴黎时装周发表新作时，我的心中总是有几个禁忌。

其中之一，就是将被称为异国情调的日本元素带到巴黎。我曾经一度认为日本设计师把和服搬到巴黎时装周是最丢人的做法。

在巴黎时装周，我一直作为一个异类，对传统意义上的审美观念和女性形象持反对意见。为此，业界对我褒贬不一，但最终还是接纳了我。

——

法国服装界权威报纸 *Journal du textile* 每一季都要发表参加巴黎时装周的设计师排名。由买家和记者两个群体投票选出。据此，1989 年 3 月的巴黎时装周上，山本耀司在买家投票中排名第三。其后的 1993 年 10 月也是第三位。在此期间他的排名一直位列前十名，连获好评。从 20 世纪 80 年到后期到 2000 年初，Yohji Yamamoto、Comme des Garcons、Issey Miyake 这三大日本品牌常居十名之内，向世界显示了“日本品牌”的价值和实力。

既然如此，我索性豁出去，决心要打破自己心中的禁忌。推出和服装束，是在1994年（平成六年）春季举行的1994—1995巴黎时装周秋冬时装发布会。

日本的和服一直给我一种规矩太多、束缚自由的感觉，但有一次我在京都与一位年长女性交谈之后，改变了自己的看法。

和服仅凭一条腰绳就可以进行自由的装扮。你可以穿着和服擦地板做清洁，也可以在转眼之间就换上另一套不同的和服，并适当拉低后领，看起来精致而脱俗。每个人都可以根据自己不同的喜好来穿着。我这才惊讶地得知，原来和服是一种非常自由的服装。

我在巴黎时装周发布会上使用的面料限制在和服面料的幅宽。我打算用这种幅宽来做西式服装。此外，我还提出了无须穿着技巧的设计方案。于我个人，这是攻克难题、挑战自我的一次突破，而对于巴黎时装周，除却技术层面之外，最令人感兴趣的还是日本元素这个卖点。

另一个挑战，来自1996年秋季举办的巴黎时装周上，以加布里埃·香奈儿（Gabrielle Chanel）和克里斯汀·迪奥（Christian Dior）等法国引以为傲的著名设计师为主题的1997春夏时装发布会。

如今作为国际奢侈品牌，他们以高级成衣为主，但在当年，他们都是从高级定制开始创业的设计师。

Haute couture，意即最高级的定制服装。19 世纪后半期，英国设计师查尔斯 · 弗雷德里克 · 沃斯（Charles Frederick Worth）首创了高级定制模式，随后，这种方式在法国遍地开花。设计师让模特穿上并展示作品，请客人从中挑选自己中意的款式，再根据客人的身材量身定制同款服装。这在上流社会风行一时。高级定制全部采用最高级的面料，由最顶尖的匠人一件件手工缝制。因为一般要经过两三次假缝和试穿，费工费时，在 20 世纪 60 年代随着成衣的出现和普及，高级定制顾客数量骤减。即使是著名大品牌，也有不少停止了高定业务，而专门着重于高级成衣的设计制作和销售。所以高级定制在某段时期曾被揶揄为“时代的遗物”。

我一直对这种西方的传统美学抱有异议，但是当今的时装消费者中，已经有很多人不知道“高定”（高级定制的简称）这个词了。可以说，高级定制已经开始衰退。于是我想，不妨设计一些高定风格的服装，这于我也不是什么难事。最终，我设计并展出了酷似香奈儿款式的系列时装。

人们惊诧不已：一个一直设计可怕的黑色服装的人，居然可以做出这样的衣服。而实际上，我是通过这种方式，向香奈儿和迪奥致敬。发布会上欢声阵阵，掌声雷动。我开了一个充满敬意的玩笑，而在场的观众也心领神会。

随后，某个法国著名品牌邀请我操刀该品牌的高级定制服装设计，但我回绝了。

歌剧服装

1993年（平成五年），在德国拜仁的拜罗伊特节日剧院，上演了理查德·瓦格纳[1]的歌剧《崔斯坦与伊索德》，戏中的服装由我设计，这在当时成为了话题。

在东京我的办公室，有一天员工进来告诉我说，来了一位外国人，没有事先预约，“他只说想见一下耀司先生”。我感觉奇怪，就迎出去看，只见外面站着一位陌生的中年男子。

他就是海纳·穆勒。他自我介绍说瓦格纳协会邀请他出演歌剧。

——

海纳·穆勒（Heiner Muller），德国剧作家、表演艺术家。在德国享有很高声誉，与贝托尔特·布莱希特（Bcrtolt Brecht）齐名。代表作有《哈姆雷特机器》《日耳曼 柏林之死》等。1995年去世，享年六十六岁。

1 理查德·瓦格纳（Richard Wagner，1813—1883），德国作曲家、德国歌剧史上承前启后的人物，著名的浪漫主义音乐大师。

“歌剧世界是一个有很多传统约束的地方，要不要跟我一起打破它？”他用含混的英文这样对我说。其实他是想请我为歌剧设计服装，但是他的游说方式真是高明。

听到这样的话，我已无法拒绝。那天，我俩一起喝了不少酒，有关歌剧的事情却只字未提。

定下来之后，巴黎时装周一结束，我就动身前往拜罗伊特做准备。此后，就这样奔波往返，为这项工作花了三年的时间。

好友维姆·文德斯曾经告诫我说：“设计歌剧的服装一定要慎重。”起初我并没有理解他的意思，一心只想着“跟海纳一起打破陈规旧俗不就好了嘛”，而实际上，有很多万不可为之的事情在等着我。歌剧在欧洲，就像歌舞伎在日本的地位一样，是人人引以为豪的艺术经典。毫无防备地接近它是很危险的，我也是过了一段时间才渐渐体会到这一点。

因为是戏装，它与时装设计又不一样。假缝的次数很多，独唱者唱完一幕，因为耗费大量的体力，甚至会瘦下来几公斤，所以衣服的尺码也会发生变化。

为歌剧《崔斯坦与伊索德》设计以黑色为主调的服装

并且独唱者身份尊贵，不容置疑，几乎很难有机会沟通，每场演出对我来说都像是场战斗。

戏装制作有专门的负责人，所以几乎无法使用我自己的助手。在舞台上，与真丝相比，那些廉价的化纤面料反而会看起来更出彩，对我来说这是个新的难点，而这些体验是我以前从未经历过的。

在舞台上或者电影里使用的服装，都是戏装。如果强调设计师的个人风格，自然行不通。这一点与时装设计截然不同。

但是，能够在一个不同的领域，而且是和世界顶级的艺术家们同台合作，让我看到了一个全新的未知世界。如今回想，这些体验都是神赐的礼物。

公司破产

年过六旬，我开始考虑自己的引退方式。以何种方式谢幕才是最好的呢？我设想过种种可能。没想到，最终竟是以这种方式。

——

2009 年（平成二十一年），株式会社 Yohji Yamamoto 向东京地方法院递交了民事再生法适用申请。负债总额 60 亿日元。年销售额从全盛时期的 120 亿日元下滑到约 75 亿日元。而后，山本耀司与投资公司 Integral 签订赞助协议，使公司得以重组。

——

结束巴黎时装发布会，我于 10 月 9 日傍晚抵达成田机场。接着直接赶到东京都内，出席新闻发布会。

从坐上飞机直到抵达会场，我一直自问自答。就山本耀司我个人来讲，这样收山也许是最轻松的。但是多年来一直支持我们品牌的人士，相关的服装厂、染织厂以及工具店该怎么办?

一直以来，公司的经营管理我都全权委托给历任社长，并要求他们不要过问与设计相关的事情。其结果是，公司走在不断扩张的路上，在巴黎、纽约和比利时的安特卫普陆续开设新店，一系列的投资导致公司的财务状况恶化。而我收到的报告只报喜不报忧，虽然也曾略有怀疑，但我还是没听过任何负面的报告。

我对记者们说，我就是《皇帝的新装》里那个没穿衣服的皇帝。

——

2009 年世界服装产业遭遇重创。受前一年的雷曼金融危机的影响，销售一蹶不振。再加上日渐崛起的快时尚服装业，使流行服装可以廉价购得。这给奢侈品牌带来了极大的冲击。奢侈品牌销量萎靡、经营不善的消息相继传来。同年 5 月，曾经做过高级定制业务的法国奢侈品牌克里斯汀 · 拉克鲁瓦（Christian Lacroix）申请破产保护。6 月，曾作为巴黎时装周中坚力量的比利时奢侈品牌薇若妮可·布兰奎诺（Veronique Branquinho）公司也开始进入清算。

——

申请适用民事再生法这则新闻在世界范围内传播开之后，我反而更加忙碌了。

也许只是偶然，世界各地的采访邀约接踵而至，法国要给我颁发文学与艺术高等骑士勋章，英国也要在维多利亚和阿尔伯特博物馆为我举办展览会。

事态的发展让我不由感到困惑，觉得自己被当成了一个即将告别设计舞台或者濒死之人，大家似乎是要抓住我最后的风光。

然而无论处在何种境地，我对做衣服的热情也不会有分毫消减。只要我还没倒下，只要视力还没衰退，我就会坚持做下去。

碧娜·鲍许

2009 年 6 月 30 日，我亲爱的朋友碧娜·鲍许离开了人世。

——

碧娜·鲍许（Pina Bausch），德国前卫女舞蹈家。1940 年生于德国，在纽约学习现代舞，1973 年成立乌帕塔舞蹈剧团。她在作品中着重展现舞者的个人经历和情感，创立了舞姿生动、饱含深情的崭新舞蹈形式。

——

回想当年，我受朋友之邀，在巴黎第一次欣赏到碧娜的表演，距今已经二十多年了。铺满玫瑰花的舞台，活力四射的舞步和简短的对白。我完全被这种充满爆发力的、远远超越现代舞框架的刚柔并济的表演所震撼。演出一结束，我就在后台更衣室被介绍给碧娜，从此开始了交往。

至今仍清楚地记得，有一次她邀请我说，要不要看看真正的匈牙利舞，我欣然赴约，和她一起坐着剧团的巴士，跟剧团演员们一道去匈牙利旅行。每天晚上，我们都会一起吃饭、喝酒、聊天，虽然都是闲聊，但充满哲学性的对话让人感觉非常快乐。

1998年，乌帕塔舞蹈剧团成立二十五周年，我应邀参加庆典，并被要求“做点什么”。

考虑再三，我想到把当时自己正在练习的空手道与舞蹈结合起来。我从日本带来空手道的老师，与碧娜和舞者们的舞蹈相配合。

为了这次演出，我专门为碧娜设计了黑色的舞裙。碧娜和舞者们的黑色舞衣与空手道家们的白色道服交相辉映。演出近乎是即兴的，碧娜柔美的动作所带来的空灵感和空手道的力量感奇妙地融合在一起，让人体验到东西方文化的碰撞交融。

碧娜平时也常穿我设计的衣服，但实际上，即使不是我的作品，只一袭黑色长外套，也能让她自成一画。她有她的既有风格。

碧娜曾对我说：“我随时都可以为耀司的时装秀做模特。”可这一直没有实现。让这样一个个性鲜明、超凡脱俗的人穿上我设计的衣服，周围的人都将黯然无光，所以我从未考虑过将她与我的时装秀联系在一起。

为舞蹈家碧娜·鲍许（中）做衣服

碧娜的过世太突然，令人猝不及防。我备受打击，但同时，我又觉得她的死法是那么地漂亮，连死亡都充满了碧娜风格。在新作的首场演出结束不久，她便走了。癌症。可是她没有向任何一个人展示过病容。

老友维姆·文德斯曾经为碧娜拍过 3D 影片。我俩后来谈到她，不知谁说起："如果换作我们，早就嚷嚷着这里痛、那里不舒服、我不想死之类的了。"然后，两个人久久陷入沉默。她走得如此完美，我们深深地缅怀和由衷地敬佩她。

虽然碧娜大我几岁，但是岁月丝毫没有影响她的美。她是真正的美女。2011 年 3 月，我在伦敦维多利亚和阿尔伯特博物馆举办的展览会上，展出了过去为了向她致敬而专门设计的礼服裙中的一条。那条裙子的背面非常美丽。

再谈母亲

母亲富美今年已经九十七岁了。没有母亲就没有今天的我。从这个意义上来说,母亲也许是排在我人生首位的“天命之女”吧。到今天这把年纪依然不能确定的是，如果母亲不在了，我将会变成怎样。我无法想象也不敢想象。于我而言,母亲就是这么重要的存在。

母亲非常溺爱我。溺爱其实接近于一种虐待。所以，在我的性格里也有被虐待过的孩子才有的扭曲的一面，略带危险性的一面。有时候我也恨不得她消失不见,要不然,我得为她拼到什么时候呢！这种感觉很复杂。

母亲是支撑我立足于社会的支柱。我不想让她灰心失望，所以一直在努力工作。如果这样一位监审员消失了，我会怎样呢？想想就感到莫名的不安和恐惧。

在男孩子的心里，一直住着一位母亲。她一直在呵斥着自己。母亲是个很重要的道德基准，她使我们得以自律。明明有这样一位心目中的母亲已经足够，但在现实中，我还有一位年逾九旬的真人版母亲。所以，于我而言，心里住着的母亲和现实中的母亲，两者是并存的。

母亲一直在我身边，就算现在也会和我一起去巴黎时装周。有时候我也会觉得很麻烦，也会同她吵架。不过从另一方面来说，如果这一切都没有了，我心里一定会感到不安。母亲每天都来我的公司，最近她的幸福度大概可以达到 65% 左右。她会夸奖我说：“你很努力呢，孩子！”每当我获得什么奖章，最高兴的就是她了。

2011 年在维多利亚和阿尔伯特博物馆举办的展览会，最高兴的也是她。我邀请她来观展，而招待会那天恰逢母亲的生日。

最近，我不太愿意请母亲来参加巴黎时装周。她的膝盖开始出现问题，如果没人陪伴，普通走路都会让我担心。我不想带着对母亲的这种担心去参展，经常会想，算了吧，不要来了。母亲会说，“这是最后一次呀”。而这句话，到如今也说了十五年了。

对母亲来说，我能一直持续工作，是她最大的幸福和生存意义。她很明确地说过：“你就是妈妈人生的全部啊。”听听！这种话说出来有多可怕！女人不该说的话全让她说了！

活在当下

获得法国政府颁发的文学与艺术勋章的最高荣誉——高等骑士勋章，是在 2011 年 10 月 3 日那天。

在巴黎举行的授勋仪式上，法国文化部长弗雷德里克·密特朗向大家介绍说当天是我的生日，并和在场的宾客一起，为我唱起了生日歌。我的英文演说，也由部长在现场代替专职翻译，亲自译成法文。

向为法国的文化艺术做出杰出贡献的人颁发的文学与艺术勋章，设立于 1957 年。分为骑士勋章、军官勋章、高等骑士勋章三个等级，高等骑士勋章是最高级别的荣誉勋章。日本人中有香颂歌手石井好子、女演员岸惠子等曾被授予高等骑士勋章。

巴黎时装周主办方的迪迪埃·戈巴克先生（Didier Grumbach）、女演员夏洛特·兰普林（Charlotte Rampling）、摄影家莎拉·摩恩女

士（Sarah Moon）等很多好友专程赶来，出席了授勋仪式，那天我非常开心。

但是当初接到该奖项通知的时候，我曾经很犹豫，不知该不该接受。电影导演北野武先生征战欧洲的时间比我短，却已经获得了这枚勋章，而我却用了三十年。电影比时装的等级更高吗？我心里颇有些不平和抵触。

然而，我之所以专情于法国，是因为它具有深刻的艺术理解能力和高于其他国家的文化鉴赏水准。不管来自哪个国家，只要有才华你就会被认可和接纳，被当作法兰西的一员来对待。非常了不起。这是一个具有强大包容力的国家。如果没有法国也不会有我的成长，这么一想，我便欣然接受了这个荣誉。

自从定位于高级成衣业，1972 年成立 Y´s 公司以来，到 2012 年，时间已经过去了四十年。但我并不是一个喜欢刻意为之的人。

时装设计师的工作，是要将灵光乍现的瞬间以及一种无法用语言形容的气氛和感觉表达出来。那是一种“从现在起我需要这样”的气氛。法语里有个词叫 ici et maintenant，也就是说，“此时，此地”的感觉非常重要。

所以，我不喜欢总是沉湎于回忆，更不喜欢将自己设计的服装放到像博物馆那样的地方去展览。我不想留下什么存在过的痕迹。从很久以前开始，我就对我的员工说，“绝对不要保留我的作品”“把它们全部丢掉”。可是她们舍不得丢，偷偷地留了下来。如今这些东西经常被借到展览会上展出。

如今，无论是作品被送去展览时那种羞愧尴尬的感觉，还是好汉莫提当年勇的心态，甚至一边觉得辛苦一边继续工作的行为，所有这些表现，如果换一个说法，无非都是因为我想一直对这个世界说，现在的我会做得更好。

做衣服

2012—2013 年的秋冬时装发布会于 2012 年 3 月在巴黎举办。筹备期间，每天工作一结束，我就会感到从后背到肩颈部非常僵硬不适。这种状态持续了大概一个月的时间，直到发布会结束。其间经过几次按摩或者敷药治疗，都丝毫不见好转。

可是发布会一结束，马上病痛全消，而且开始犯困，几乎吃完早饭之后就要睡上一觉。大概是周身的紧张得到缓解，整个身体开始感到松弛。肩背曾经僵痛到难忍，如今却奇迹般地感觉轻松。每次发布会结束，大概都要爆睡两天，这已经成了惯例。

这次参展，假缝比以往提前了一周，感觉似乎与这场发布会多相处了十天左右的时间。做到一半的时候，我突然对手头的工作感到厌倦，设计感觉开始变得模糊不清，对于自己到底要做个什么样的展示，突然之间没了概念。

因为曾被冠以“剪裁之王”之类的称号，所以这次一开始，我就打算干脆不要剪裁，将一块布的缠绕围裹作为此次发布会的主题。

也就是说，脱掉衣服扔到地板上，仍然是一块完整的布。我给自己出了个难题。

因此，针织品也要使用圆筒编织机，不能有接缝，也无法挂在衣架上。

一直以来，我所做的尝试和挑战，大家都已经了解。如果每次重复旧东西，我会感到厌倦，观者也会腻烦。所以我想，那就做一些没有做过的尝试，突破自己心中的禁区。比如把性感款式、贴身设计以我个人的风格来展现。在时装秀的最后，模特还像钢管舞女郎一般，摆出性感撩人的姿势。甚至，我还做了自己一直讨厌的高跟鞋。如果说我是权威，那做出具有权威风格的服装该是多么无趣。所以我故意要打破这个格局给大家看，否则服装就太乏味了。

“如果没有我，巴黎时装周就没什么看头。我山本耀司本人就要做‘反耀司’风格。”就像这样，我一直不断地给自己施压。

在时装秀的秀场，我非常看重模特们行走在伸展台上时，会场中观众的反应。

在伸展台的两侧，一边是买家，一边是记者。仅从哪一边的反响比较热烈来判断，就可以知道舆论对这场秀的评价。

只是我没有时间一直盯着看。从第一个模特上场，到四五个模特走上台之后，我便开始在后台忙着为模特穿戴，一直到终场服装展示，几乎像是一眨眼的工夫。因为太过投入，时间转瞬即逝。最后当我登台亮相，谢幕时迎接我的掌声也不尽相同，有时深沉厚重，有时雷鸣般热烈，当然也有礼貌性的拍手。这于我都很容易分辨。

从模特身上，也能看出我设计的服装有没有感染到观众。模特从前台回到后场，有时显得特别亢奋，一看到这情景，我就马上明白了：“好，成功传达！”

心情随着观众的反应，时而跌入谷底，时而快乐洋溢，这大概也是我放不下这项事业的原因之一吧。

其实最糟糕的，是当你觉得自己通过设计想要表达的东西都已经很好地传达，正在为成功而喜悦的时候。一时之间你会不知道该怎么拿出下一季的作品。如此说来，挫败感反而会让人才思泉涌。

时常抱着些许遗憾，想着“这个欠缺一些”“那种感觉还是没有传达出去”，才会使你有不断做下去的动力。

服装之美

从某个时期起，我就停止了画设计图。有时在构思下一季服装时，那种想法实在匪夷所思，简直不能用笔画出来。虽然会姑且用语言或者其他资料向助手们表达我的意思，但实际的设计首先会从将布料搭垂在人体模型上开始。那是我与布料之间的对话。

天然的素材是有生命的。夸张点说，就是你要清楚那块布料自己想成为什么样的衣服。每当手触布料，我就会通过去感受它或轻或重、或垂或飘的特性来思考。touch（手感）就是一切。布料自己会告诉你它们的愿望。你只消再将轮廓、变化、布局以及具体的造型与之相结合。

只是，无论将这样的工作重复多少遍，也无法预想到最终成品的模样。创作是一种发现。如果没有一副善于发现的宽广胸怀，美终将会被错过。从这个意义上说，不错失任何一处美的发现，才是真正的行家里手。

还有一点，我非常重视背部的设计，重视到非同一般，丝毫都不想含糊敷衍。可以说，我是个“背痴”。我常对制版师们说，服装要从背部做起，背面的样子成形以后再着手做前面。我也知道对于服装制作来说，这其实很难。

同样用语言难以形容的是，轮廓和面料的动感非常重要。当身体向前移动的时候，衣服会在身后留下一道剪影。只有零点几秒的迟缓，像是视觉暂留，服装的轮廓映像留在了身后，那个瞬间美得无以言表。

余韵,也许是现今很少使用的词语了。或者用更加文学的表达，那是一种擦肩而过的、稍纵即逝的美。

我的母亲含辛茹苦养大了我，记忆中永远留着她拼命劳作的样子。在我看来，只有工作着的女性才有魅力。至于为什么我那么痴迷背影，大概是因为在我心里仿佛有一道难以愈合的创伤，像在呼喊：“啊，别离开我！”

即将离去的女子的背影，既让我伤感又让我觉得无与伦比地美丽。女性那遥不可及、追无可追的美，让我有一种背影情结。

西方的服装强调贴身合体。他们的着装理念认为，只有合乎人体曲线的合体剪裁才是完美的设计。而我对此向来抱持反对意见，做法一直与此背道而驰。

服装的制作工艺另当别论，只就设计来讲，我的设计一定会让空气在身体和衣服之间微妙地流动。也就是说，在我设计的服装中，有留白，有“间隔”。

这个间隔的“间”，也是“字里行间”的“间”。带着欲语还休的言外之意。这种“间隔”美学，遗憾的是，大概只有日本才有。这是一种可以引以自傲的美学。

从音乐的角度来说，蓝调是黑人音乐的代表，他们最重视的是Groove，翻译过来大概是指“律动”，即旋律节拍上的“高度契合”，那是在乐谱上无法体现的东西，也很难用语言来表达。

大抵上，优秀的音乐作品，都在节奏上时而有零点几秒的延迟，时而又快出那么一点点。这种移位或者偏离略显凌乱，听起来似乎不合规矩，但它大概就类似于我非常看重的“间隔”。

第二部分

百问

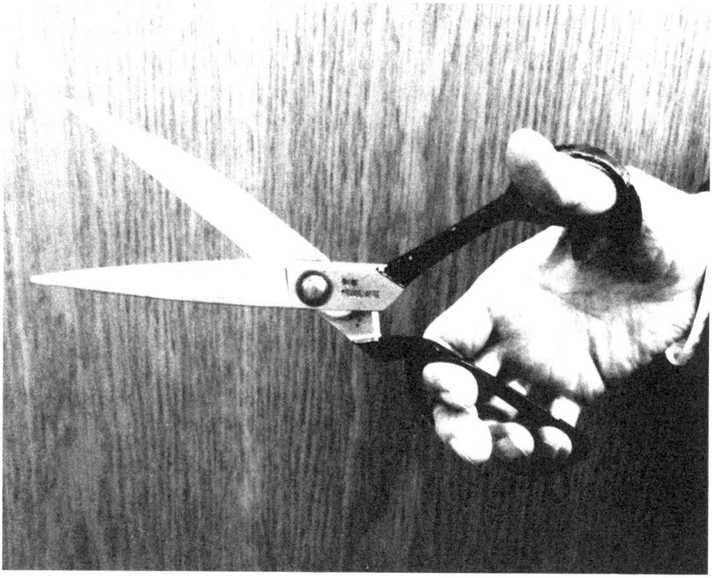

爱剪

一

——早晨几点起床？

七点。吃早餐，然后睡回笼觉（笑）。

二

—— 早餐一般吃什么呢？

香蕉酸奶，红茶两杯半。然后吃麦片。配的是豆浆。用牛奶泡麦片我吃了会坏肚子。

三

—— 上班时间固定吗？

吃过早饭后需要再睡一觉，再起床大概是十点钟左右。所以到公司大概是十一点到十二点之间吧。

四

—— 感觉您好像经常吸烟，请问一天能吸几支？

每天不一样。大概十五支左右。

五

—— 喜欢的香烟牌子是？

Hi-lite。如果比它淡的话会觉得不够劲，抽的量会更大，不舒服。从 Hi-lite 一包只售七十日元的时候开始，我就一直抽它。

六

—— 一天吃几餐饭？

正餐两顿。中午有时候吃有时候不吃。

七

—— 喜欢的食物是？

日本的传统食物吧。黄瓜蘸酱、豆腐和纳豆。都是很清淡朴素的日本食物。六十岁以后，由于各种精神压力，肠道出现过问题，所以我调整了自己的饮食习惯。尽量摄取能够促进肠蠕动的膳食纤维，少吃油腻的食物。

八

—— 您平时喝酒吗？

因为刚才提到的理由，现在不能喝酒了。不过我本来酒量也不好。大概是遗传自我父亲。母亲倒很有酒量。三四十岁的时候，我锻炼自己，曾一度很能喝。但现在也只有应酬时碰个杯、喝点啤酒的程度，而且喝了马上就满脸通红。最近因为不习惯喝酒，一喝就会心跳加速。

九

—— 夜里会失眠吗?

曾有一段时间,夜里很难入睡,过了十一点为了强迫自己睡觉,需要靠安眠药来催眠。那最早是由时差引起的。最近有了变化,晚上十点左右会感觉很疲乏,于是睡下,夜里一两点钟会醒来一次,然后再睡几个小时,到七点起床。这样也比较有精神。

一〇

—— 有没有最让你觉得安心的地方?

我喜欢学生宿舍一样的房间。我家就是单人房。在床上可以做很多事情。那样最让我舒心。电脑、CD唱机全都在伸手可及的地方,这是我理想的生活状态。也就是说,简单到一天就可以搬家,烦闷的时候随时可以换个环境。

一一

—— 喜欢读书吗?

曾经很喜欢,但也是过去式了。以前很习惯睡前阅读,但最近视力下降得厉害,读两页眼睛就会感到疲劳,所以渐渐读得少了。

一二

—— 买书吗?

不太买，都是别人送的。最近读的是松冈正刚[1]的书。我们成为朋友之后他经常会送一些书给我。

一三

—— 看漫画书吗?

漫画大概看到《巨人之星》[2]时代吧。我还比较喜欢手冢治虫的《怪医黑杰克》[3]。

一四

—— 喜欢写文章吗?

无论是画画还是写文章，我都是一边挑战大师一边开始的。如果你问我是否喜欢写，答案是我喜欢，但没什么进展。

一五

—— 您觉得自己的文章写得好吗?

---

1 松冈正刚（1944— ），日本知名文化和历史评论家，东京大学客座教授。

2 《巨人之星》，1966年至1971年在周刊《少年Magazine》上连载的超人气棒球漫画。

3 《怪医黑杰克》，1973年由漫画之神手冢治虫创作的超现实主义漫画，开创了医学漫画先河。

自己没法判断吧。我只听说自己说过的话被归纳成文，还被做成山本耀司语录。

一六

—— 看报纸吗？

直到三年前我还一直订阅《读卖新闻》，后来因为搬家就停订了。如果没搬家，大概会一直订下去吧。总之，在飞机上我总是会要来《读卖新闻》看一看。看什么？日本象棋。

一七

—— 您的座右铭是？

没有。

一八

—— 喜欢音乐吗？

喜欢啊！音乐可以把我带到另一个世界，让我暂时忘却烦恼。

一九

—— 平时听什么音乐呢？

什么都听。很杂。现在听的是中岛美雪和埃里克·克莱普顿[1]的老歌。有一段时间一直听长渕刚。还有一段时间一直是鲍勃·迪伦。经常是专注于某个人的来听。

二〇

—— 在车上也听音乐吗?

不听。车上是设计灵感频现之地。我也不知道为什么，开车时经常会有一些男男女女的有趣着装撞到眼睛里。这时候大脑极度活跃，并不需要音乐。

二一

—— 听古典音乐吗?

听过。古典音乐的音量忽高忽低使我很困扰。我不是说自己是在睡前听音乐嘛，有时候会被吓醒哦!

二二

—— 喜欢卡拉 OK 吗?

应该算喜欢吧。现在我最拿手的是哪首来着?大概是长渕刚的

1 埃里克·克莱普顿（Eric Clapton，1945— ），英国音乐人、歌手及作曲人。曾获得格莱美奖，是20世纪最成功的音乐家之一，也是有史以来最伟大的吉他手之一。

《并无矛盾》吧。

二三

—— 平时散步吗?

前不久我开始过上了有狗的生活，当然，并不是因为想散步才养狗。不过我的狗还小，还不能好好地牵着它正儿八经地散步。所以，我俩的“散步”就是我开车载它去咖啡馆。不管多冷，我都带着它坐在店外头，抽抽烟，喝喝红茶或者咖啡，那是我的幸福时光。

二四

—— 最喜欢哪个季节?

还是喜欢秋天。因为我感觉秋装似乎最适合我。冬天大家都穿着臃肿的羽绒服，我因为不喜欢那个样子，所以讨厌冬天。秋天时，大家都开始穿上颜色沉稳的衣服，看起来很雅致，非常养眼。

二五

—— 喜欢的花和树是什么?

我对于食物、树木、花草之类的，完全搞不清名字。以前有一次 Comme des Garcons 的川久保玲问我喜欢什么花，因为太突然我一下子愣住了，然后随口回答她说“山茶花”。因为首先想到的只有这个词（笑）。我跟花不太搭吧。

二六

—— 有没有为了健康而做的事情？

现在没有。四十五岁开始练习了十二年的空手道。现在就是准备带着小狗散步。

二七

—— 有没有喜欢的体育项目和支持的球队？

喜欢棒球。我们那个年代，说到体育项目也只有棒球和相扑了。邻居叔叔曾经带我去后乐园球场看球，我记得川上（哲治）打出了安打[1]。

二八

—— 喜欢电影吗？

喜欢。但也是过去式了。还想再看一遍的是北野武的《奏鸣曲》或者《坏孩子的天空》。反复看过很多遍的是黑泽明的《七武士》。

二九

—— 平时坐电车吗？

1　安打，棒球运动中的一个名词，指打击手把投手投出来的球击出，使打击手本身至少能安全上到一垒的情形。

几乎不坐。最近一次也是三年前了，是去庆应义塾大学的日吉校区做讲座的时候。坐的是东横线。

三〇

—— 喜欢逛街购物吗？

很不喜欢。付钱的时候很尴尬。

三一

—— 会去便利店吗？

常去啊。去买烟和五号电池。Walkman 用的电池，我听音乐依然还用 Walkman 随身听。还有，为预防牙龈炎，最近也买口香糖。

三二

—— 买过彩票吗？

买过，很久很久以前。

三三

—— 如果中了 3 亿日元，您会用它做什么？

3 亿？不上不下的不好办呢！

三四

——您写日记吗？

没写过。

三五

——写信吗？

偶尔。受母亲告诫，我会给关照过自己的人写感谢信。

三六

——会讲究吉凶吗？

有一点吧。比如开车去上班时，如果遇到红灯比较多，就会认为今天不够走运。也就这种程度吧。

三七

——平时用手提包吗？

完全不用。我的上衣具有类似手提包的功能，它不仅有放现金、存折的口袋，连放登机牌的口袋都有。所以我只要穿上衣服就可以出行。现在我出国也只会多背一个双肩包而已。

三八

——您用的手机是智能的吗？

不是不是。我用手机必须得有按键感。

三九

——您穿的衣服全都是自己设计的吗?

以前都是的。但今年父亲节那天，女儿送我一件礼物，是一条长裤。口袋很深，东西不会掉出来，也完全不需要任何改动。我非常喜欢，所以一直穿着。后来仔细一看，原来是 Comme des Garcons 的。不过，我的得力助手倒是不以为然。

四〇

——穿过其他的品牌吗?

基本上不会特意去选来穿。我在时装发布会上的作品，尺码大多是根据西方人的身材来做的，而我自己身材矮小，所以有一段时期，我也为自己设计制作了服装。就是 Y´s for Man Red Label。本来明明是专门为小个子男人设计的，营销部却把它们放大尺码拿出去销售了。因为最近有消费者开始抱怨说:“耀司真不像话，自己穿的衣服朴素低调也很好看，发布会上展出的却都是设计感很强的作品，太狡猾了! ”所以近期也想将这个系列重新做起来。

四一

—— 关心政治吗?

关心。

四二

—— 有支持的党派吗?

当然没有。

四三

—— 参加投票选举吗?

投过一次票。我曾希望在自己有生之年能见到一次非自民党执政，于是就去投票了。也就是民主党执政那次。结果，与其说是对方辜负了我的期待，还不如说是我自己傻。

四四

—— 请用一句话概括自己的性格。

讨厌被人摆布，讨厌约定，温柔得毫无意义。不对，是温柔得毫无用处。

四五

—— 您觉得自己很有女人缘吗?

哦……那也是过去式了吧。国外的报刊杂志曾经评价我是“最性感的日本男人”。

四六

——您本人并不抵触被这样评价吧？

怎么说呢，我已从这种事情上退休了。

四七

——您的初恋是什么时候？

很晚，大学三年级。和朋友去欧洲旅行，在从法国马赛回国的船上，跟一位比我年龄大的女子相识并恋爱。她是一位虔诚的基督徒。她让我学会了思考。

四八

——第一次做衣服是什么时候？

小学四年级时学校有缝纫课，我在课上缝了一件内裤。母亲看到之后很惊讶，问我：“这真的是你自己做的？”

四九

——从什么时候开始蓄胡子的？

年轻时候就开始了。大概是从 20 世纪 60 年代后期开始吧。

五〇

—— 有没有想过只为某个特定的人设计衣服?

没有。

五一

——如果请您用一句话介绍自己的服装或设计，您会怎么说?

应该是自由随意的便装（dress down）吧。区别于那种考究的正装或者华丽的盛装（dress up）。嗯，可以说是一种“反盛装”（anti-dress up）风格。

五二

—— 在做衣服的时候，有没有具体的女性形象?

脸微微转向一边，吸着烟，头发随风飘起。不是日本女子。她用沙哑的嗓音说：“我呢，放弃了做女人。”这是我心中的缪斯。

五三

—— 您觉得什么样的男性可以称得上帅呢?

要求高一点的话，有担当、肯舍命的男子。现如今已经没有了吧。

五四

—— 您有自己专用的剪刀吗？

有。绝不让别人碰。

五五

—— 最喜欢的面料是？

常被用来做工作服的华达。

五六

—— 对耀司先生来说，布是一种怎样的存在？

布料对我来说就像女子。想要什么样的女人，取决于你如何对待她。

五七

—— 黑色分为几种？

简单来说分为三种。褐色系中的黑、绿色系中的黑，然后就是墨黑色。

五八

—— 白色分为几种呢？

对我来说，白色是光，只是闪耀的等级不同。

五九

——从设计上考虑的话，您心中有没有合乎理想的身材？

有。比如在越南，把奥黛[1]穿得很美的女子。身高在一米六多一点，比例匀称，曲线玲珑。我在越南第一次看见身着奥黛骑着单车的女孩子时，惊艳无比，只顾张大嘴巴呆呆地看着。

六〇

——对于快时尚，您怎么看？

就像电视里的低俗节目吧。只要你看的时候觉得开心就好。

六一

——您买过优衣库的衣服吗？

没有。那种衣服绝大部分的服装厂都可以生产。但是优衣库很厉害的一点是，将自己做成了品牌。

六二

——有没有特别在意的快时尚品牌？

1 奥黛，一种越式旗袍，为近现代越南人和中国京族的服装。其越南语的字面意思是长袍。

没有。大同小异。

六三

——对于无印良品您怎么看？

这有点复杂。有些人认为穿着设计师服装，看起来自我表现欲太强，很蠢。他们又不太介意品牌。于是就衍生出一种不要牌子只要品质的消费需求。田中一光[1]和小池一子[2]接受了西友[3]的委托，做出了这样的东西，这就是无印良品。起初我觉得这个点子很了不起，是个很聪明的牌子。但后来接触了之后，觉得实际上跟其他的品牌也差不多。

六四

——对耀司先生来说，纱线是一种什么样的存在？

提到纱线，我想起中岛美雪的一首歌《纱线》。“经纱是你 / 纬纱是我 / 织出来的布……”下一句是什么来着？

1 田中一光（1930—2002），日本知名平面设计师，对战后日本平面设计的发展有很大贡献。品牌无印良品的缔造者。

2 小池一子（1936— ），日本知名创意人，品牌无印良品的元老之一。

3 西友，日本知名百货公司，主要经营连锁超市、杂货商店事业。以店铺数目计，是世界第二大零售集团。

六五

——纽扣又是什么呢?

纽扣自身倒是无所谓，把它放在哪里却很重要。分为装饰性纽扣和功能性纽扣两种。

六六

——经常使用拉链吗?

拉链只是为了穿脱方便而使用的一种工具。我尽可能不用它。

六七

——服装的设计和皮肤的颜色有什么关系呢?

肤色和衣服的颜色关系密切。我和其他设计师一样，在巴黎时装周开发布会的时候，多使用白人模特。服装的魅力也要靠肤色来衬托。说到皮肤，我不由得想起女子的领口。特别是穿着圆领黑色针织衫的时候，领口是一道界线。鹫田清一[1]曾经描写过，它就像大海与沙滩的交界处，聚集着巨大的能量，界线忽进忽退，非常微妙。比如将领口降低五毫米，就会觉得暴露，提高五毫米，又会觉得保守。说到肤色，让我想到这些东西。

1　鹫田清一（1949—　），日本哲学家，曾任大阪大学校长。

六八

——服装的造型与发型的关系是?

跟各种款式最搭配的发型就是，剪得漂亮利落的短发。

六九

—— 您认为服装与性，或是性欲有关系吗?

大有关系。我一直做的设计是“尽可能地隐藏”。读过我的文字的人大概会了解，越隐藏越会激发人的想象：里面到底是怎样的呢?

七〇

—— 您怎么看日本女性的服装?

与 20 世纪 60 至 80 年代相比，现代日本女性的着装正在走向堕落。保守化、懒惰，已经不会表达个人的意志和特点。穿的都是所谓流行款式，只要求跟得上潮流，作为一个个体的独一无二的感觉已然消失。回想 20 世纪 60 至 80 年代，真有一些让人眼前一亮的洒脱女子呢!

七一

—— 您觉得日本的女性变了吗?

战争已经结束七十年了，女性开始活跃在各个场合。而男性却渐趋女性化。我不知道这是好是坏，无从评判。

但是我认为，女性的说话方式也变得统一了，比如“卡哇伊”这种表达越来越多。很多人被广告宣传和品牌牵着鼻子走。一种从独立而有个性的精神中诞生的美丽风貌越来越少了。

七二

—— 这种变化也对耀司先生的创作造成了影响吗？

当然。看到这些，反倒更激发了我的斗志。“这种衣服要这样穿起来，走在街上才会漂亮！”

七三

—— 您认为作为设计师最重要的特质是什么？

总结起来说也许就是，女设计师要看她交往过的男人，而男设计师，当然要看他交往过的女人了。换言之，你的生活方式很重要。作品会反映你的生活方式。我说过很多次，只有作品是不会说谎的。

七四

—— 您有关系很好的设计师吗？

嗯……只有阿瑟丁·阿拉亚[1]吧。

1　阿瑟丁·阿拉亚（Azzedine Alaia，1940—2017），法国时装设计师。20世纪80年代“超紧身性感”风潮的创始人，时装界传奇设计师。

女装设计图 Γemme

男装设计图 Homme

1997—1998 年 巴黎时装周秋冬时装发布会

1998—1999 年 巴黎时装周秋冬时装发布会

1999 年 巴黎时装周春夏时装发布会

1999 年 巴黎时装周春夏时装发布会

1999 年 巴黎时装周春夏时装发布会

1999—2000 年 巴黎时装周秋冬时装发布会

2000—2001 年 巴黎时装周秋冬时装发布会

2001—2002 年 巴黎时装周秋冬时装发布会

2005 年 巴黎时装周春夏时装发布会

1998—1999 年 巴黎时装周秋冬时装发布会
终场展示的婚纱，
于 2005 年在意大利佛罗伦萨展出

Yohji Yamamoto · 巴黎店

Yohji Yamamoto · 青山店

七五

——您做设计师，觉得自己赚到的好处是什么？

赚到什么好处？（笑）是很俗的事情哦。男性设计师曾经一时很风光，只要带着设计师的头衔，女孩子就蜂拥而至（笑）。不过这算不算赚到，我也说不好。

七六

——那反过来，损失的又是什么呢？

很多啊。比如我把服装设计当作一种艺术表达，但是它在艺术的范畴里却被划到比较低的层次。所以只要是关于山本耀司的文章，就会用“从不起眼的时尚领域出发”这种写法。给人的感觉就是，在艺术领域里，时尚艺术还是个无足轻重的角色。但是我并不同意。时装是将不可言传的东西用最直观的形式表现出来的一种艺术。所以，不管多有学问的人，如果瞧不起时尚艺术，那也不足为信。评论家也好，建筑家也如是。从穿着的衣服可以看出这个人的本质。

七七

——迄今为止您自己印象最深的时装秀是？

很早了。有一次巴黎时装周结束以后，我们将作品拿到纽约去展出。模特们都戴着面具。正式展演时突然遭遇全场停电，场内一片漆黑。之后的事情令我印象深刻：摄影师们开始打起闪光灯给我们提供光源，所有的观众都“咚咚咚”地跺起脚来，为模特打出节奏。大家这样支持我，我真的非常感动。

七八

——东京在您心里是怎样的？

哈，终于问到这个！我是在歌舞伎町这种特殊的地方长大的，东京对我来说，并没有归属感，也不能说是故乡。不过，就像是狗狗做记号，宣布“这是我的势力范围”一样，我也同样做上了记号。而对于东京整体，我既不喜欢也不讨厌。

七九

——在东京有喜欢的地方吗？

全是因怀念而去探访最后却失望而归的地方。是不是整个日本都变成这样了呢？

八〇

——巴黎在您的心中呢？

说起来夸张，巴黎是决定了我整个人生的城市。我对她爱恨交织，在我心目中，她充满魅力。我最喜欢巴黎左岸拉丁区的后街。我还喜欢去圣日耳曼后面的颜料店和画材店闲逛。

八一

—— 喜欢的英文词语是？

fragile（脆弱）。

八二

—— 喜欢的法语词是？

fragile。咦？跟英语撞词啦。

八三

—— 现在，有喜欢的人吗？

当然有。

八四

—— 您总说 femme fatale（天命之女），您遇到过吗？

遇到了。确切地说，遇到过三个。

八五

—— 对您来说，家人意味着什么？

要解决好家庭问题才能安心工作。我跟毕加索不同，我责任感比较强。我不想只顾自己成功，却让家人陷入不幸。我希望能两全。

八六

—— 孩子是什么？

孩子是……揪心的牵挂。

八七

—— 金钱呢？

随进随出。

八八

—— 您有什么珍宝吗？

没有。

八九

—— 有不考虑服装的日子吗？

没有啊。三百六十五天，天天都在想。

九〇

—— 有没有想过回到过去？

直到十年前都没有想过。最近有想过回到四岁和五岁那两年。母亲去文化服装学院学习，把我寄养在位于茨城县大洗的外婆家的那段时光，我非常怀念跟外婆和曾外婆一起生活的日子。

九一

—— 经历过人生最棒的瞬间吗？

没有。但是在发布会结束的时候，经常会有“这项事业，我永不放弃”这种最棒的心情。

九二

—— 有觉得自己老了的时候吗？

经常有啊。

九三

—— 您对死亡怎么看？

对我来说，死有两种。我希望能够“亲自决定自己的死法”。但是到了那时候，我大概会哭哭啼啼地说：“我还不想死呀。”死得不够干脆。

九四

—— 身为一名时装设计师的梦想是什么？

现在问我这个问题，是不是有些太晚了？

九五

—— 时装设计师的至高乐趣在于？

有一次，一位法国年轻记者采访我，他上来就说：“我是在您的影响下成长起来的……”我甘之如饴。这可是法国人说的哦！

九六

—— **对想做设计师的人有什么想说的吗？**

哪怕要用生命来交换，你也愿意做衣服吗？

九七

—— **时装设计师有未来吗？**

只要地球还在，就有。

九八

—— **一百年以后，人们会怎么评价山本耀司呢？**

没兴趣。人都已经不在了，也不可能知道。

九九

—— **如果有来生，还想做时装设计师吗？**

我现在变成了一个宿命论者。我觉得自己现在做的事情，不是主动选择，而是被选择。若非如此，也不会是如今这个样子。我莫名其妙地就成为了一种传说。公司破产的时候，我本以为一切都该终结了，可是居然又有援助资金注入，令我们起死回生。此后我比以前出名了好几倍，还跻身文化人之列。我曾想像坂口安吾那样死去。我不停地抵抗，不断地叛逆。表达者的作用就是破坏吧？现在我被这个世界接纳，我都不知道该破坏什么了，还真累。

一〇〇

——可是如果有来生，还想做时装设计师吗？

只要有来生，我就想凭自己的意愿，做一名设计师。

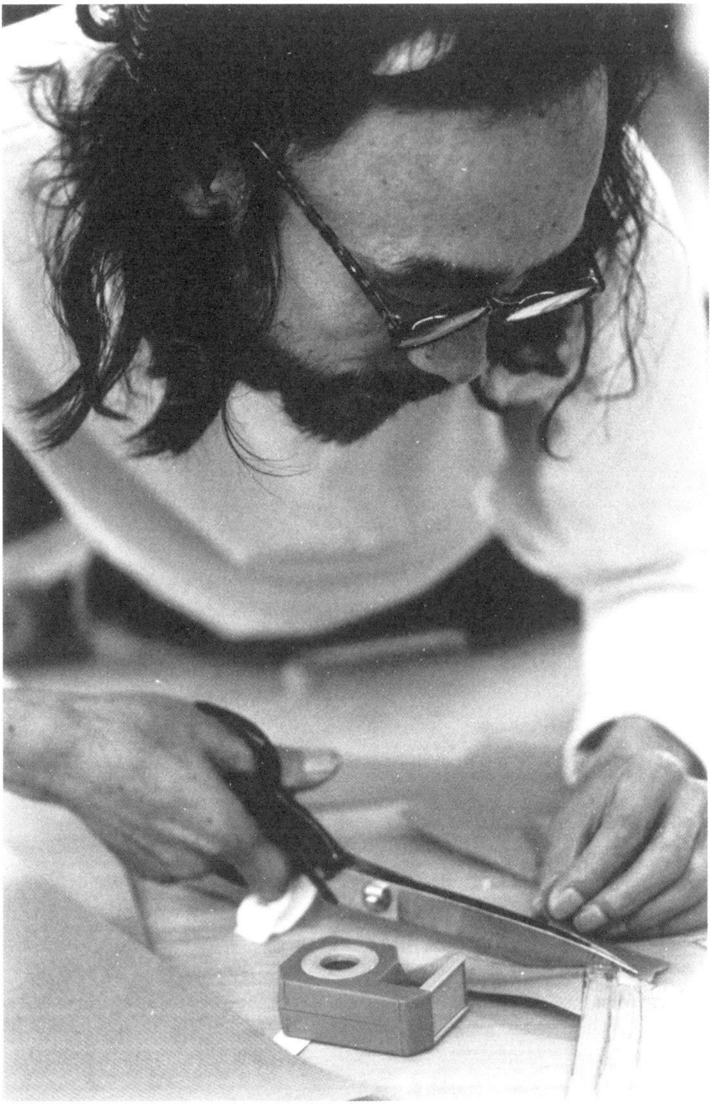

第三部分

手中诞生的灵魂

服装与着装者之间的较量

去年，我曾受邀在英国牛津大学发表演讲。发来邀请函的是一位中国女留学生。她介绍说自己学习的专业是日本古典文化。邮件用日语写成，行文工整漂亮，令人惊叹。

演讲用英文进行，结束之后，有大约三十分钟的提问时间。围绕日本的传统与文化，同学们提出了各种问题。

最后，一位女学生提出这样一个问题："请问对于日本的侘寂，您有什么看法？"说实话，当时我有些为难，觉得"关于侘寂，用英语太难解释了"，但我仍然给出了答案："在阅读文章的时候，有时会读出一些字面上未曾体现的言外之意，我认为，感知这些隐藏于字里行间的潜台词，就是侘寂的入门之处。"紧接着，我用一种诱惑的口吻问道："等一下要不要到酒店里的酒吧去谈谈？"会场内随即响起了掌声与喝彩。

友人松冈正刚经常会寄一些书给我。其中有一些我很感兴趣。

比如《千夜千册》系列[1]中的《日本面影》（角川索菲亚文库，2018 年），松冈在其中列举了另外一部作品《如果没有日本这个国家》（集英社 International，2011 年），由原东京工业大学世界文明中心主任罗格·鲍沃斯（Roger Pulvers）所著。请允许我在此引用松冈书中的一段。

> 鲍沃斯认为日本人过于“insular”（内向），他对这种孤岛型的性格表示担心。如果不能充满自信地向海外展示本国的文化，而只一味地想踏上全球产业一体化的浪潮，无疑是危险的。
>
> 鲍沃斯还指出，日本人无端地热爱“design”（设计）一词（诚如此言），但是如果想在“设计公司”“设计社会”“设计与愿景”等方面有所表现，应该多体会一下迄今为止，日本文化是如何对亚洲的象征性事物以及制度进行“to design”的。并且需要更加深入地掌握司马江汉[2]与平贺源内[3]是如何将欧洲的

---

1 《千夜千册》（全八卷）主要内容来自在网搜索书籍时必会出现的超人气读书网站“千夜千册”，由作者松山正刚整理、增补内容后著成。初版由求龙堂出版社于 2006 年出版。

2 司马江汉（1747—1818），本名安藤峻，日本江户时代兰学者、艺术家，凭借西式作画手法闻名于世。

3 平贺源内（1728—1780），日本江户时代博物学者、兰学者、作家、发明家、画家，被誉为“日本的达·芬奇”。

美术形式进行“to design”的。无论是空海、利休、北斋[1]，还是长泽节、山本耀司、三宅一生，他们在“to design”上做出的努力皆超乎常人。耀司即相当于坂口安吾，而一生则代表了米文化。

我想，如果能让外国人从我的作品当中看到日本，便足矣。

20世纪80年代，我第一次去巴黎时，业界对我和川久保玲设计的服装褒贬不一。有“绝对反对派”，但也不乏接纳派的存在。法国《嘉人》（*Marie Claire*）杂志社的人在看过时装发布会后特意赶来，想看看真正的日本。当他们看到身材亭匀的日本人披着顺直的黑发，身穿长至脚踝的连衣裙，足蹬平底鞋行走的风姿时，感到深深的震撼，表示从未见过这么美的东西。

可是，同一时期，我在日本受到的批判之一是，穿我设计的Y's服装的女性看上去很可怕。

于是我决定，“索性再做一些与其相配的Y's男装好了”。七八年

1 空海、利休、北斋，分别指日本平安时代僧人空海法师（774—835）、日本茶道宗师千利休（1522—1591）、日本江户时代浮世绘画家葛饰北斋（1760—1849）。

之后，我推出了男装 Homme。

男装的第一次时装展演，我并没有去巴黎。结果，公司的员工告诉我说，发布秀的反响非同一般，并请我下次一定要来现场。因为我本身不穿西服套装之类的衣服，所以时装秀上的作品全都是非主流的边缘人服饰。

有意思的是，我设计的服装，有时候无法战胜穿着它们的人。人们会对穿着者发出赞叹：“这家伙，太帅了！”这种人衣对战别具妙趣。

它是有故事的男人与服装之间的较量。服装时常会败下阵来。而这种情形，一方面让我觉得有趣，另一方面也会激起我的斗志。以这种心态做衣服的人恐怕绝无仅有吧。

时尚的消失

现在的日本，不时会让我感到愤怒。对兴起于海外的流行趋势毫无批判地照单全收。按照常理应该懂得独立思考的成年人，开始不动脑子了。不懂思考的成年人养育着下一代，渐渐地，孩子们也变得异样起来。

2018年10月3日，我成为一名后期高龄者[1]。去看医生时，前台接待问我："没有收到资料吗？"我一头雾水，不懂指的是什么资料。等到下次再去，发现以前的医保卡也不能使用了，需要换成后期高龄者的医保卡才行。

我现在的工作量，与公司里四十多岁员工的工作量几乎不相上下，完全没有意识到老之已至。所以，我觉得自己是被强行打上了后期高龄者的"烙印"。今年还需要换驾照，必须要接受认知功能的检查。从幼时起，我就立志绝不为一般意义上的社会所同化、所左

1 后期高龄者，依据日本后期高龄者医疗制度，指年龄为七十五岁及以上的老人（如瘫痪，年龄界限下移至六十五岁）。

右。如今现实当前，难免感觉愤懑。

这种愤怒和精力来自于何处呢？我曾经说过，小时候，母亲开过一间裁缝铺。尽管接到了父亲战死的通知，母亲依然没有放弃等待生还的希望。但是亲戚们一直劝她赶紧办葬礼，结果，在裁缝铺辛辛苦苦赚的钱全都用在了葬礼上。当时，我幼小的心灵只感觉到愤怒。我发誓绝不跟这些家伙同流合污，绝不踏入世俗社会半步。所以我个人认为，成为一个什么样的人，起决定作用的不是DNA，而是年幼时的经历。

最近的巴黎时装周让人感觉很无聊。看起来不是设计师在做服装设计展，而是造型师在举办各种时装展的模仿秀。像是在搞活动，或是业内派对。

真心讲来，我现在很苦恼。从一开始，我就是以反时尚为方针开启了我的事业，并一直从反时尚中获得能量和动力，从而坚持到现在。如今，时尚却消失了。我反对的对象就这么不见了。

不知从何时起，十几岁、二十几岁的年轻人也喜欢上了我所设计的服装，开始成为本品牌的拥趸。据说哪怕用信用卡贷款也要买来穿。

偶尔，我会去位于青山的店铺瞧瞧。在那里，我看到年轻的男子在一楼采购。一楼是 Femme（女装）卖场，他们买的就是陈列在一楼的商品。他们还会试穿，对着镜子照来照去。我有些担心，现在二十岁左右的男孩子是不是很难追到女孩子啊。

人怎么可以这么美

如今的我，连竞争对手也没有了。以紧身性感的服装风靡世界的阿瑟丁·阿拉亚，也于2017年离开了人世。他与我，一个是阿拉伯裔的法国人，一个是来自日本的异乡人，同为异端者以及外来物种，所经历的痛苦是相通的，努力的目标也比较接近，所以我们关系很好。

有时我会去他那里,吃他们自己做的午餐。在阿拉亚的工作室，员工总是会聚在一起吃饭。

大家一起吃饭，对于创作以及制作工作来说，是一件非常重要的事情。共享一段平和的用餐时光，一些东西会借此相互传递，互相感染。我们公司也是如此，在巴黎时装周开幕之前，午饭和晚饭都是大家坐在一起吃。

过去有很多人,会让我产生“绝对不能输给这家伙”的念头,但如今，他们都消失了。我不知该何去何从。若想站在世界之巅，不只是会做衣服就可以了，还需要具备人性的力量，以及知性、感性等综合能力。我现在自我标榜："我，是世界第一。"那是出于一种孤独感，它让我不得不这样说。因为我失去了对手。

只有川久保玲还在，也许只有她还称得上是我的对手。我很关注她的动向，会时常在电脑上浏览她的时装秀图片。

尽管如此，我也没有绝望。我依然有要做的事情，直至生命的终结。

2019 年巴黎时装周的春夏时装发布会，展演最后，我让非裔模特穿上白色 T 恤搭配藏蓝色的围裹裙。大家对此赞赏有加，称其有型。其实，这款设计的灵感来自我的亲身体验。

那天，我坐在广尾的一家咖啡馆里，不经意地望向窗外。刚好在路口信号灯处，一个白人男子的旁边，站着一位非裔女性。她肤色黝黑，身材纤瘦，比例匀称，浑身洋溢着一种素描无法捕捉到的美。她上身穿着一件朴素的白色 T 恤，下身裹着一条黑底黄花的围裹裙，头上缠着特本[1]。半裙上的图案色泽生动，像是用手蘸了颜料直接画上去的一般。在她身边，一个小女孩穿着一条用同样花色的

1 特本（turban），是一种用来缠绕包裹头部的长头巾，款式各异，常见于南亚、中东、中亚、北非、东非等地。

布料制成的礼服裙。眼前的画面，让我不得不对美发出赞叹。

再有就是奥运会的田径选手带给我的启发。特别是黑人选手。他们训练有素的身体结实漂亮，为了提高速度，身上只着最低限度的衣物。人怎么可以这么美呢？我总是会为此感动。

但是在美国，自从特朗普总统上台之后，人种之间的分歧越发加深了。这种现象让人感到愤慨。所以，我在时装秀上，用了《奇异恩典》（*Amazing Grace*）作背景音乐。这首乐曲，是曾从事奴隶贸易的英国人，因悔过而成为一名牧师之后，创作的一首赞美歌。

坚持发声，向社会传递信息，是一名艺术家必尽的职责之一。如果国家要求我靠揣摩与迎合度日，我会毫不犹豫地抛弃它。我必须要继续制作可以证明“我在思考”的服装。

与肉体的格斗

作为一名工匠，一名手艺人，我乐在其中。我相信从自己手中诞生的灵魂。

以前也曾说过，我们公司的制版师全都是手工画样，不用计算机。尽管有人说“这种公司如今已经绝迹”，尽管年轻人会觉得目瞪口呆。我想，无论时代发展到何种程度，只要有布、剪刀和缝纫机，再加上人的五感，就可以做衣服。

我一直坚持去对抗某种东西——这种行为类似于做建筑，比如说法隆寺的五重塔。工匠认准木料，能够建造出可以存续数百年之久的建筑物。我做衣服也抱持着同样的态度。

前些日子，我在公司里为全体品牌助手举办了一次讲座，教授半裙和裤装的制作基础。当时我只用两根大头针就做出了一条半裙，展示给大家。

布这种东西，经纱密度大，纬纱的密度则相对小些。使用经向布料，使之自然地贴附在背部最令人感到舒适的位置，那里是人体唯一可以使用直线的部位。

骨盆处调整得略微宽松一些，用大头针别好，一条半裙就做成了。随后，我让学员实际穿上它走走看。我制作的半裙不会在腰间打转。男制版师互相摸了摸对方的腰部，发出感叹："完全没有腰围线啊。侧缝之类的也没有。是整面的呢。"

人的容貌千差万别，身体也各不相同。根据经验，我将自己做衣服时遇到的难点具体展示给大家，让员工加深印象，体会手工制作是一种什么样的感觉。同时，我也想让大家看到，有的衣服是通过与肉体格斗交缠而制成的。如果使用艰涩的语言来教授，听者很难领会其中奥义。

大家能否从中感到幸福，我不得而知，哪怕只有百分之五的人能够从中感悟到什么，我就满足了。能够感悟到的人是幸福的。

最近，我换了智能手机。以前一直是用功能手机。之所以要换成智能的，是因为我会收到很多英文邮件。它们来自中国、英国和美国……一些是重要的信函，还有一些是来自亲朋好友的联络邮件。功能手机只能打三行字，很不方便。再者，我也有很多需要查询的资料。

作为消除疲劳的方式之一，我还会制作时装秀上使用的背景音乐。我沉浸其中，自得其乐。从年少时起我就很喜欢吹口琴和弹吉他。为了做音乐，也有很多东西需要搜索查询。智能手机是不可或缺的存在。

皇后乐队有一首曲子我很喜欢，叫 *Teo Torriatte*（*Let Us Cling Together*）（手牵着手，紧紧相依），它的副歌部分的歌词用的是日语："手をとり合ってこのまま行こう（手牵着手，就这样走）。"这是一首非常棒的乐曲。我决定用它作为下一次男装秀的主题曲。但并不是用皇后乐队的演奏，而是安排我们自己的乐队演奏。我当然也会参加。这项工作让我感到快乐。

我不喜欢悠闲自在的生活。另外，我还有相依为命的狗"凛酱"。它来的时候还很小，我是怀着与它一起死去的想法领养它的。从寿命来看，这孩子大概还有九年左右的时间可活。所以，我应该也可以。我，还不会止步。

（2019 年 3 月收录）

附录

如何做衣服

想做什么样的衣服呢？关于这个课题，我总是会在发布会结束的瞬间陷入思考。像是感叹“哎呀！这种感觉我没有完全表达出来”云云。

我想通过服装表达出来的东西，如果用语言来阐述，就是“坏家伙比老好人更有魅力”，或者“活着就是要与孤独为友”之类。听起来颇具文学色彩。究其根本，还是对西方美学概念的反抗。然而长年浸淫欧洲文化，也使我在某些方面与西方的东西产生了融合。但是，一旦以融合为目的，设计必将日暮途穷。

我不画具体的设计图，而是将自己的意图首先用语言，或者说，将关键词传达给助手。每次发布会的关键词都不尽相同。比如，准备 2013 年春夏女装发布会的作品时，我是这样说的：“这次要做的衣服，面料要松松地悬垂下来、拖曳着，像幽灵一样。另外还需要wearable（易穿）。也就是说可以立刻上身的衣服。”我一般都像这样，说得很抽象。

因为要将我这些抽象的想法逐渐具体化，每场发布会，都是一次全新的试验。为此，面料部门和制版师之间的沟通非常重要。比如，当制版师提出“要做出这样的感觉，使用这种面料比较好”，面料部门就会拿来实物给制版师看：“我觉得它跟耀司先生说的感觉相符。”诸如此类，像打乒乓球一样，你来我往，不停地交换意见。

面料部门有五名员工，制版师则由男装部和女装部各三十人组成。我的角色就像是交响乐团的指挥或是电影导演。但其实就连我自己，最初也看不到明确而具体的衣服样子，心里只有一些模糊的构想。而要将这些构想转化为具体的形态，如果没有顶尖水平的技术人员便很难达成。

在制衣工序里，一般把画线做纸样的工作叫作“画型”。而我称它为“描型”。通常是要使用尺子。而在我这里，只有在画前片和背部的中心线，也就是说垂向地心的那条线时会用到直尺，其他线条我会指导助手“描”出来。大家说我完全是用素描。并且，描出来的线每条都要用得上。

在文化服装学院读二年级的时候，我上过小池千枝老师的课。我至今仍记得她说过的话:“人体是一个奇妙的立体。如果垂直进行拼接会显得非常不自然。所以拼接线要适当倾斜。”起初，对于“适当倾斜”我不太明白。可是当服装做多了，渐渐开始心领神会。使用面料的时候也一样，薄的面料，我喜欢斜着剪裁。

衣服做到一半，就要请模特试穿。一边看着模特的穿着感觉、一边进一步提出修改要求:"这里不对""我没想做成那样，再这样一些"等等。说起来对模特们很抱歉，我会直接用大头针固定，有时候还会做着做着就直接从模特身上把衣服解下来。

也许有人觉得这道工序完全可以使用人体模型。可我认为，人体模型只是一个标准尺寸的模型。它是个平均尺码的模子，并不是真正的人体。也许它拥有理想的线条和形态，但实际上，这样的人并不存在。人体包括脸在内，实际上是左右不对称的。肩部也会一边高一边低。在人体模型上试穿，缝制得再完美，真人穿上以后也会出现问题，往往有一些地方不够自然。所以我认为，请真人试穿，再进行修改，是非常重要的一个环节。

这是一项非常繁琐的作业，来我公司工作的人，不管毕业于多么好的裁缝学校，在我这里都要从零开始。

比如对于胸部的剪裁，裁缝学校出身的学生在学校里学过原型制图，原型带有类似于标靶的图样（捏缝部分）。可是到我这里来，我不让他们用这种原型。我深知，充分了解面料的特性并与之交谈，才能做出漂亮的轮廓。学校里学的东西并不实用，数值也无法表现出你想要的效果。

所有这些环节，制版师都要在场。他们需要看我的反应来了解我的想法，以便顺利地进入下一个环节。

假缝阶段，如果我一言不发，基本上就是没戏了。被我提很多意见的人，才有继续下一步的可能。从作品中，完全可以看出创作者的状态、生活方式和想法。过着循规蹈矩的生活的人，每天只是公司到家两点一线的话，获得的东西是有限的，也很难拿出令人耳目一新的作品。所以，做衣服需要无限度地抛却道德感，甚至接近不道德。本分老实的人，很难做出让人怦然心动的衣裳。

假缝，男装一般需要五六次，女装需要八到十次。大致要从发布会的时间开始倒推，开始假缝的日期和次数都由制版师的负责人来决定。

就算这样，也不能保证每次都顺利。特别是女装发布会的准备，有时假缝了九次还是不满意，只好反复地“再来一次”，直至身心俱疲。也时常会发生只剩最后一周，却只做出了十五套衣服的事情。

工作进程中，有时会偶然遇到有意思的发现，所以改变既定目标和方向的情况也时有发生。创作就是接连不断的发现。从某种意义上说，改变就不足为奇。在别大头针的过程中，如果在某个部位出现一些有趣的造型，就会想将它“利用起来”。所以，一边钉针一边改主意也是家常便饭了。

当一切都能顺利地进行，所有的人就会情绪高昂，工作得非常快乐。可那毕竟是少数情况。做衣服的前提还是吃苦。

假缝现场是严肃的，这是决一胜负的时刻，也可以说是 sacred（神圣）的时刻。偶尔，制版师会拿出一件令我吃惊的作品。那一瞬间只觉得有如神助。

根据服装的做工和件数的不同，假缝时间也会不同，每次最少也得两三小时。四十多岁的时候，我经常一干就是一通宵。但是现在已经不能彻夜工作，而且夜里也想不出什么好点子了，倒是经常会不明原因地情绪高涨，净冒出来些奇奇怪怪的点子。是不是通宵做出来的服装，一看便知。

假缝大约从傍晚五点左右开始。因为这样，员工们从早上上班开始，能有七小时左右的时间将前一天晚上没能改完的部分做完。还有就是，晴空艳阳下很难有工作热情，特别在时装界，需要一点点昏暗。或者说是纸醉金迷的世界也罢，日落时分开始才是刚刚好的。就连发布会也是在人工照明下进行。

一直做下来，到了我感觉“这样就行了”的瞬间，基本上就算完工。即使在效果上没有达到百分之百，但我认为如果再加工就会画蛇添足的，马上会叫停。未完工也可以。对我来说一百分的满分几乎很难做到。大概九十分的样子就可以拿到发布会。过去只有两次，做出过一百二十分的衣裳。

对于男装和女装，我的设计思路基本相同，只是男装的种类有限且固定，不外乎是衬衫、外套、裤子。所以，还是女装更深奥，更有内容，做起来也更折磨人，从而也更快乐。它带有无限的可能性，就好像在女体沙漠中旅行。

我对于做衣服的热情从未衰减。就像坂口安吾说的那样，我愿意以命相抵，制作服装。将自己奉献给自己的命运，这样想来也轻松了很多。

我是个做衣服的怪物。身体动作先于大脑的思考。在假缝的时候，当模特穿着新作品出现在眼前时，大脑还没反应过来，身体已经先下意识地有了回应。

有一张照片名字叫“飞起来的耀司”，是巴黎做推广的人拍摄的。照片拍到的是我从椅子上站起来的瞬间。脚已离地，就像是漂浮在半空中。那时我刚好要接近一件衣服，完全是本能的反应。

我相信，只要我对服装还拥有这样动物般本能的反应，做一个时装设计师是没问题的。

后记

作为《读卖新闻》朝刊连载栏目“时代的见证者”中的候选者之一，我提出了山本耀司先生的名字。可真的要动笔的时候，心里非常不安。

山本耀司先生是世界级的时装大师。我担任了二十多年的时装版记者，可是对于他的创作，我究竟理解了多少？山本先生的生活态度和思维方式我能准确地记录出来吗？这些想法在我脑海中盘桓不散。

第一次采访山本先生的时装秀，是在1991年。当时他和Comme des Garcons的设计师川久保玲一起，在东京举办了一场男装秀“6·1 THE MEN”。那是一场在当今被誉为“传说”的时装秀。非专业模特的国内外著名演员和音乐人纷纷登台，演出了一场时装盛事。那一年正值海湾战争，很多设计师都主动缺席了巴黎时装周。

这是我接手时装版以来接到的第一个采访任务。眼前展开的一场大型盛事使我震撼，简直不知该用什么样的词语来形容，只记得整个会场气氛热烈，人们情绪高涨。

其后，从1994年起，我开始采访巴黎时装周，可以定期在巴黎和东京观看山本先生的时装秀。当时的我，对于时装时尚的采访仍然有些懵懂，但山本先生的时装秀却在我心里刻下了深深的印记。

第一次是以日本元素为主题的发布会（1994—1995年秋冬和1995年春夏）。还有一次是以向法国国宝级设计师香奈儿和迪奥致敬为主题的发布会（1997年春夏）。每一次都至为精彩，美不胜收，令在场观看的我鸡皮疙瘩骤起。终场时，被作品感动的观众们全体起立，在巴黎时装发布会这样一个时尚界的顶尖舞台，向日本设计师山本耀司先生献上了充满敬意的雷鸣般掌声，在热烈的现场气氛中，我不禁潸然泪下。就在那时，我明白了，服装可以超越国界、撼动心灵，美的基准并非单一。于是我更加渴望不断地深入写下去。

通过多年的采访，我结识了一批对创作怀抱热情，不断向世界挑战的人。我一直有一个愿望，就是要记录下他们的故事。山本先生毋庸置疑是其中之一。在采访过程中，我不止一次地想："究竟是什么让山本先生坚持到现在？"当然，他没有给我一个明确的答复，但是我深深地感知到他对创作的执着和强烈的信念。不只是从山本先生自己的言谈中，从对相关人士的采访中，我都深有体会。

时装和创作具有不可量化的价值。一个成熟的社会，应该能够培养出这样的设计师，并有包容他们的深度和广度。然而，对于活跃在世界范围内的山本先生和其他日本设计师，最早发现、关注、长年支持爱护，并给予很高评价的却是西方人。山本先生一直坚守在巴黎时装周的根源，也有对本国的失望和愤怒："为什么不能理解我呢？"这些情绪转换成了山本先生创作的动力。如果能通过"时代的见证者"和新的访谈，让更多人对偶尔"无赖"的山本先生的生活形态有所了解，哪怕只了解到一个侧面，我也会感到很欣慰。

作为一名新闻记者，因工作关系难以兼顾家庭。在此，我要感谢一直支持我工作的全体家人。还要感谢鹤原彻也解说部长，他在这次连载中教给我法语的微妙语义，并在我写作困难的时候耐心倾听，使我有机会更深刻地了解时装领域。另外必须感谢的，是认真审稿并给予我诚恳意见的崛井宏悦前编辑委员（现任读卖新闻社调查研究本部副部长）。

最后，我要向在百忙之中、身体不适的情况下依然抽出宝贵时间全力配合的山本先生，衷心地道一声感谢。特别是在最后的访谈中，他为我们献上了一番令人难以置信的爽直坦率的发言。那时的字字句句，我至今仍视为珍宝。

2013 年 4 月

宫智泉

新增补版后记

2018 年 9 月，我在巴黎采访了山本耀司先生的时装周发布秀。那些通过与面料“交谈”而制成的衣服，辨识度极高，无论哪一个细节，都带有强烈的“Yohji Yamamoto”气质。最后出场的山本先生满面笑容。时隔七年再次现场观看山本先生的秀，如果说有什么地方不一样，大概是出现了很多以中国为代表的亚洲国家年轻买家，相关媒体也增加了不少。

在这七年间，巴黎时装周发生了翻天覆地的变化。由于巨型资本的投入，出现了很多蔚为壮观的豪华秀场。因场地规模过大，服装的细节很难看得真切。而观众们也与从前不同，比较起在现场观摩最新时尚，他们更热衷于拿着智能手机拍摄秀场实况。

一些知名品牌，设计师频繁更迭，每一次更迭都带来设计风格的改变。如果单看照片，品牌变得越来越难以区分，让人不得不对时尚的趋同性产生思索。

在这样的时代大潮中，20 世纪 80 年代初就闯荡巴黎，永远都在为追求新鲜美感而奋斗的山本耀司先生更显得弥足珍贵。他的存在富有意义。

听说，近年来，Yohji Yamamoto 的服装在日本的年轻男性当中再度受到青睐。这些年轻人生活在一直充斥着闭塞保守氛围的日本社会，对于他们来说，或许山本先生的衣服，可以让他们从窒息感中得到解放。

旧版发行之后，六年已经过去了，山本先生再次接受了我们的采访。随着年岁的增长，山本先生的思想越发显得纯净，令人印象深刻。他的言谈依旧那么风趣，充满快乐。而且，他能够使人注意到如今的日本人已然忘却或尚欠缺的东西。我想，这不只是我一个人的感觉。

2019 年 4 月

宫智泉

纪事年表

年	山本耀司 履历	时代背景
1943	出生于东京·新宿	二月，瓜达尔卡纳尔岛失守 四月，联合舰队司令长官山本五十六战死
1944		十月，美军登陆菲律宾莱特岛
1945		八月十五日，战争结束
1947		克里斯汀·迪奥发布 New Look
1950	入学新宿区立大久保小学	
1955	转学进入晓星小学	
1956		经济白皮书发表，宣布『现在已不是战后了』
1960		九月，池田勇人首相提出国民收入倍增计划
1962	考入庆应义塾大学法律系	
1964		十月，东京奥运会开幕
1965	六月到九月，欧洲旅行	法国设计师安德烈·库雷热发布超短裙设计
1966	庆应大学毕业，就读文化服装学院	甲壳虫乐队访日

年份	山本耀司	时代背景
1967		十月，超短裙女王 Twiggy 访日
1968		法国爆发五月革命 日本 GNP（国民生产总值）跃居世界第一位 喇叭裤流行
1969	获得有新晋设计师跃龙门之称的『装苑奖』和文化艺术学院向在校学生颁发的『远藤奖』 赴法国学习生活约一年	
1970		女性杂志《an · an》创刊 四月，设计师高田贤三在巴黎的精品时装店『Jungle Jap』开业，轰动一时
1972	成立 Y's 公司	
1973		第一次石油危机 三宅一生首次亮相巴黎服装发布会
1976	位于东京·北青山的青山 BELL COMMONS 大厦中的专卖店开业	前首相田中角荣因洛克希德事件遭逮捕
1977	Y's 在青山 BELL COMMONS 举办第一场时装发布会	
1978		香奈儿开始进入高级成衣业

年	山本耀司　履历	时代背景
1981	首次亮相巴黎时装周 在东京田园竞技场举办售票发布会 到场观众约七千人	英国查尔斯王子与戴安娜王妃大婚
1982	参展纽约时装周	
1984	参展巴黎男装时装周	
1985	作为发起人之一，成立东京时装设计师协会（CFD）	第一届东京时装设计作品发布会开幕
1989	影片《都市时装速记》摄制完成	柏林墙倒塌
1991	发行首张音乐专辑《整装待发》	海湾战争开始 泡沫经济破裂
1993	在上演于拜罗伊特节日剧场的《崔斯坦与伊索德》中任服装设计	
1995		一月，阪神淡路大地震
1999	在北野武导演的电影《大佬》中任服装设计	欧洲统一货币「欧元」诞生

	2000	优衣库『Fleece』外套大卖。热销2600万件
获颁紫绶褒章	2004	
在意大利佛罗伦萨和法国巴黎举办了两次展览会	2005	为节约能源，政府提倡服饰轻装化的清凉商务『Cool Biz』
在比利时安特卫普举办题为『Dream Shop』的可试穿时装展览会	2006	
获得伦敦艺术大学名誉博士学位	2008	九月，美国雷曼兄弟投资银行破产，『雷曼危机』引发世界金融危机 瑞典的快时尚品牌H&M进入日本市场
株式会社Yohji Yamamoto申请适用民事再生法	2009	美国快时尚品牌Forever21进入日本市场，因其低廉的价格引发快时尚品牌的大流行
四月一日召开时隔十九年的男装发布会『YOHJI YAMAMOTO THE MEN 4.1.2010 TOKYO』	2010	
伦敦维多利亚和阿尔伯特博物馆举办题为『Yohji Yamamoto』的展览会 十月，获法国文学与艺术勋章的最高荣誉——高等骑士勋章	2011	三月十一日，东日本大地震

如无特别说明，照片均由（株）Yohji Yamamoto 提供。
“第一部分 背影”改编自《时代的见证者》
（连载于《读卖新闻》2012 年 6 月 12 日—7 月 10 日）。
其他内容为第一次整理发表。
增补新版追加了“第三部分 手中诞生的灵魂”。

图书在版编目（CIP）数据

做衣服 /（日）山本耀司著；吴迪译. — 长沙 :湖南人民出版社, 2014.3
ISBN 978-7-5438-8601-8-01

I. ①做… II. ①山… ②吴… III. ①山本耀司-生平事迹 ②服装设计-文集 IV. ①K833.135.72 ②TS941.2-53

中国版本图书馆 CIP 数据核字（2014）第 038566 号

做衣服
ZUO YIFU
[日] 山本耀司 著 吴迪 译

出品人 陈垦
出品方 中南出版传媒集团股份有限公司
上海浦睿文化传播有限公司
上海市巨鹿路417号705室（200020）
责任编辑 曾诗玉
责任印制 王磊
出版发行 湖南人民出版社
长沙市营盘东路3号（410005）
网址 www.hnppp.com
经销 湖南省新华书店
印刷 深圳市福圣印刷有限公司
版次 2014年6月第1版
印次 2020年6月第12次印刷
开本 889mm×1194mm 1/32
印张 6
字数 40千字
书号 ISBN 978-7-5438-8601-8-01
定价 59.00元

浦睿文化
INSIGHT MEDIA

出 品 人： 陈　垦
策 划 人： 余　西
出版统筹： 戴　涛
监　　制： 于　欣
编　　辑： 唐　诗
助理编辑： 黄　凰
装帧设计： 颜伯骏

欢迎出版合作，请邮件联系：insight@prshanghai.com
微信公众号：浦睿文化